U0690678

面向未来的城市，新鲁汶大学城

——欧洲新城镇建设的范例

[比利时]吕克·布莱尔　著　朱杉　译

WUHAN UNIVERSITY PRESS
武汉大学出版社

图书在版编目(CIP)数据

面向未来的城市，新鲁汉大学城：欧洲新城镇建设的范例/（比）布
莱尔著；朱杉译. —武汉：武汉大学出版社，2016.5
ISBN 978-7-307-17695-9

Ⅰ.面…　Ⅱ.①布…　②朱…　Ⅲ.城市建设—研究—欧洲
Ⅳ.F299.5

中国版本图书馆 CIP 数据核字（2016）第 060032 号

Originally published in France under the title
ÉUNE VILLE POUR LES GÉNÉRATIONS FUTURE
Des choix pour Louvain-la-Neuve
Copyright © Academia 2013

All rights reserved. No part of this book may be reproduced or transmitted in any
form or by any means, electronic or mechanical, including photocopying, recording
or by any information storage retrieval system, without permission from the publisher.

本书原版在法国出版，书名为 UNE VILLE POUR LES GÉNÉRATIONS FU-
TURE：Des choix pour Louvain-la-Neuve,2013 年版权所有者为 Éditions Academia
公司。

版权所有，盗印必究。未经出版者授权，不得以任何形式、任何途径、生产、传
播和复制本书的任何部分。

责任编辑：叶玲利　　　责任校对：李孟潇　　　版式设计：马　佳

出版发行：**武汉大学出版社**　　（430072　武昌　珞珈山）
　　　　（电子邮件：cbs22@whu.edu.cn 网址：www.wdp.com.cn）
印刷：湖北省荆州市今印印务有限公司
开本：880×1230　1/32　印张：3　字数：89 千字　插页：6
版次：2016 年 5 月第 1 版　　2016 年 5 月第 1 次印刷
ISBN 978-7-307-17695-9　　定价：28.00 元

版权所有，不得翻印；凡购买我社的图书，如有缺页、倒页、脱页等质量问题，请
与当地图书销售部门联系调换。

新鲁汶大学城
整体概貌

大学城全景

1970年规划用地

大学城鸟瞰

毗邻主城区的科技园

科技园（NewTech Business Center__Global View）

科技园（AGC__Samyn & Partners）

新鲁汶大学

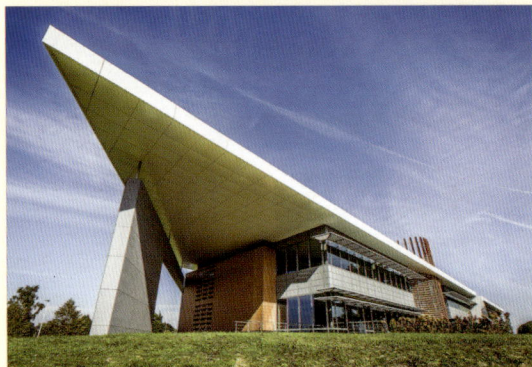

科技园
（Cercle du Lac__
　Frédéric Raevens）

大学城内在的
环境品质
（包括自然环境及
人工环境）

公共空间的体
量和质量

城市生活的内涵

城市景观

丁丁漫画博物馆

城市自然环境

城市人工环境

城市人工环境

多元化的社会

环境的亲和力

新鲁汶沙滩浴场

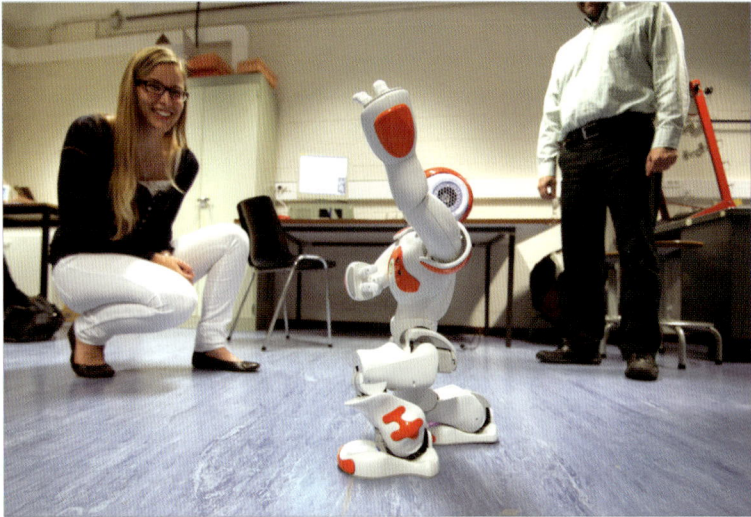

科技

教育

序　言

新鲁汶大学城建立于 20 世纪 60 年代。那个年代在西欧又被称为"黄金年代"，当时人们认为经济增长是无限的，自然资源和土地空间可以取之不尽、用之不竭。

同样是在那个年代，在西欧主要城市的周边，例如巴黎，一座座新城镇拔地而起。这些新城镇的规划和建设原则取自 20 世纪 30 年代制定的纲领性文件《雅典宪章》。该宪章是城市规划领域最重要的纲领性文件，由当时在该领域最权威的专家学者编制而成，其中最著名的应当数法国教授勒·柯布西埃（Le Corbusier）。该宪章倡导按照四大不同的功能（居住、工作、休憩、交通）对城市进行分区。

此外，比利时的高等教育也在这个时期得到了广泛普及，大学生人数显著增长，原有的教学设施已满足不了学生的需求。这个情况使当时的政府和大学领导开始着手规划新的教学用地。

1963 年，鲁汶大学选出了新一届的校董会主席米歇尔·乌尔汗（Michel Woitrin）。他一上任，就把全副精力用在了解决校区的扩张问题上。为此，他走遍了全世界著名的大学，逐渐形成了自己的原则和理念。他不希望新校区是一座独立于城市的校园，也不希望它是依据线性规划原则被建立在交通干道上的卫星城。这些都不是他的理想。

1968 年，比利时历史上发生了一件重大事件，它对鲁汶大学的扩张问题赋予了新的内涵和历史意义。

在介绍这次事件之前，先让我们简要回顾一下它的历史背景。1830 年，比利时取得独立并正式建国，当时的官方语言被确定为法语。然而，在比利时中部有一条天然的语言分界线，以北为弗拉芒语（荷兰语）区，以南为法语区。自从建国以来，弗拉芒语（荷兰语）社群就在捍卫自己的语言文化，他们争取弗拉芒语在北部的唯一使用权以及它与法语在国家政府机关的平等地位。1962年，比利时国家法律正式确立了这条语言分界线。然而对于鲁汶大学来说，它自中世纪创立以来就扎根于鲁汶市这片弗拉芒语区（荷兰语）的土地上，它的教学一直使用法语和弗拉芒语（荷兰语）两种语言。弗拉芒语社群捍卫的运动持续高涨，1968年终于波及了鲁汶大学。这一年，比利时发生了规模浩大的抗议游行，抗议者要求鲁汶大学所属法语部分立即撤离弗拉芒语区。面对抗争的持续升温，鲁汶大学的领导者最终决定到南部法语区新建一个法语校区。最终，南部法语区的一个小城市——奥迪尼，接受了鲁汶大学。他们为这片新校区的土地命名为"新鲁汶"。

撤离弗拉芒语区对于米歇尔·乌尔汗来说还有另一层意义，那就是他内心有关建立一座大学城的梦想能够得以实现。在规划新校区之初，他就否定了建设一座校园的设想，并任命雷蒙·勒梅尔（Raymond Lemaire）教授为大学城规划团队的带头人。勒梅尔教授并不是城市规划领域的顶尖专家，他更为突出的领域其实是意大利城市研究。

他的任命对于大学城具有深远影响。在大学城规划之初，米歇尔·乌尔汗的理想就与雷蒙·勒梅尔的规划思路一拍即合。他们决定，正在规划中的新鲁汶大学城将不采纳《雅典宪章》所制定的原则。这在当时可谓是独树一帜。

因此，我们可以肯定，新鲁汶大学城与20世纪六七十年代主流规划思想的背离体现在两个方面。一方面，它放弃了建设一座纯粹的"校园"而是创立了一座真正的大学城，使在校生与当地居民和谐地生活在一起。另一方面，它抛弃了当时由《雅典宪章》所主导的新城市规划模式，城市功能不再被隔离在不同的区域而是融合在一起，这种结构与中世纪及文艺复兴时期建造的意大利城市十分相似。在这样的城市结构里，人际交流得到了极大的促进。此外，人性化设计的建筑、公共空间穿叉着各种规模的街道及具备各类功能的广场，这一切为市民创造了一个愉悦的步行环境。

这样一个"另类"的城市规划，对于许多人来说都是一个乌托邦式的梦想。在大学城建成之初，几乎没有人敢断言它会取得成功。可是今天，事实证明，它取得了超出所有人预期的成绩！

自第二次世界大战结束以来，许多西欧国家都经历了主要城市腹地的城镇化高速发展（例如前文提到的巴黎）。这种现象主要源自两种相继出现的人口迁移现象，首先是大量人口从乡村和小城镇向主要城市汇集，随后大量人口又从这些城市流出，定居在城市周边地区。前者出现的原因是大城市经济高速发展为人们提供了大量就业机会。而后者的出现，一方面是由于大城市的生活环境每况愈下（包括空气和噪音污染、交通拥堵等问题），另一方面是因为人们收入的增长以及交通方式的发展。因此，城市腹地的发展从侧面证明了城市环境质量的降低，但同时它的出现也让城市周边的自然环境遭到了破坏。

如果说新鲁汶大学城的创立是一个典范，那就是因为它让人重新体会到高品质城市环境的魅力。这是一座完全依据人性化尺度建造的城市，一座如此与众不同的新城市。

作者吕克·布莱尔，新鲁汶大学城创始人之一、城市规划师、教授。自20世纪60年代以来，他直接在米歇尔·乌尔汗、雷蒙·勒梅尔的领导下工作，为大学城的规划建设作出了突出贡献。他是公认的最了解大学城发展历程的人。在本书中，他将为读者们回顾这段发展历史，也将用他专业的、独到的眼光为城市发展的未来、世界城镇化发展的明天做出他的分析、判断和解读。

让·卢克·罗朗（Jean-Luc Roland）
新鲁汶大学城市长

中文版序言

1971 年 2 月 2 日比利时国王巴杜安一世（Roi Baudouin）为新鲁汶大学城铺下第一块基石，从此这所百年名校与比利时最年轻的城市合为一体，共同开启了一段奇妙的历程。大学城的创建是比利时两大社群（法语社群和弗拉芒语社群）激烈斗争的结果，更是这座百年名校（鲁汶大学）在一番深思熟虑以后做出的决定：怎样的环境才最有利于大学的运行、社会使命的实现以及它在人文科技等方面的发展？

为建立这座新城，新鲁汶大学一共获得了 920 万平方米的土地，其中 350 万平方米用作城市化建设，168 万平方米用作城市绿地，另外还开发了 231 万平方米土地作为高科技园区。今天，已有215 家科技型企业将研发中心设立在科技园，其中包括辉瑞制药、IBA 粒子加速器、华为公司等，一共创造了 5 600 多个就业岗位，其主要研究领域为生物化学和信息工程；入驻企业与大学的技术研究实验室保持长期紧密的合作。

这是一座以步行交通为主的城市：人行道路交通网在城市肌理和结构中扮演着十分重要的角色，不仅四通八达可以通行到每一个角落，同时将整个城市以此为纽带，连接成为一个整体。因为步行的关系，所以城区面积半径仅为 1 千米，城区建筑和人口密度也相对较高。目前，大学城白天一共容纳超过45 000名工作者，其学生人数超过21 000人，常住居民超过20 000人，这些人口分别来自127 个不同的国家。

大学城不断深入城市化建设，并将重点放在交通的通达性（高速公路铁路和城际轨道等）、公共空间的品质、建筑物的质量以及风格的统一和材料的协调性上。所有这些元素共同打造了极富吸引力的城市空间。另一方面，大学城对自然环境的质量也极为重视：对空气和水质量的实时监控、天然气集中供暖、分离式的排水系统以及蓄积雨水形成的景观湖泊，这一系列举措使得居住环境得到了保障。

1978 年国际建筑师协会把阿伯克隆爵士奖（Sir Patrick Aber-crombie）授予了新鲁汶大学城以表彰它在城市生活品质方面所作的突出贡献。该奖项是国际城镇规划领域的最高荣誉。

之所以说这是一座大学城而非大学校园，是因为新鲁汶大学从一开始就明确放弃了建设一座简单的"校园"。1968 年的巴黎学潮使人们看到"校园"的局限性，它阻碍了青年人的社会交往与社会参与，他们的才能很难在这样的环境中得到充分发展。

创立大学城的理念之一就是希望这座新城能够促进不同学科、年龄段和社会阶层的人际交流。紧凑型城市规划正好满足这种期望，还有纵横交错的步行街道、各种规格的广场、剧场以及文化商业中心，这一切都极大地促进了大学城内部的社会交际，造就了社会、文化和商业活动的共同繁荣。

创始理念的另一个重要内容是有关大学在社会中肩负的角色和使命问题。它不仅涵盖大学应如何引导市民共同构建一个和谐的公民社会，也包括大学应如何发挥科技人文方面的特长为工业发展、社会进步而服务。

紧凑型城市布局，建筑物的人性化设计，公共服务设施的临近，这些因素的综合使得大学城的人际交往活动频繁化和多样化，从而为本地的经济提供了更广阔的市场和盈利空间。这就是经济学家所说的"城市化经济"。城市化经济在大学城产生的直接结果是：环境质量逐步提升，高端工作岗位不断涌现，房地产价值不停攀升。眼下，大学城已成为房地产界炙手可热的黄金地段。然而在本地城镇化快速发展的同时，究竟如何管理大学城已取得的成功、如何实现它的可持续发展，就成为了当前最重要的问题。而这正是本书的主题。

　　当前，中国正处于城镇化快速发展的阶段。新鲁汶大学城作为高品质城市环境的试验田，在经济、社会和生态环境均衡发展方面有着很多的历史经验值得借鉴。中国在发展中遇到的许多问题也是新鲁汶自 20 世纪 60 年代以来一直在摸索、探讨和处理的问题。也许这些问题并没有唯一的答案，因为具体情况和解决方式都在不断演变。以开放的心态去探究问题，才是解决问题的关键。您手中的这本书既包含了新鲁汶 40 多年发展历程的回顾，也对未来的城镇化发展给予了展望。

　　希望通过本书，中国的读者们会对这座比利时独一无二的新城市加深理解，同时对本国乃至世界城镇化的可持续发展问题展开更多有益的思考。随着中欧城镇化伙伴关系的不断深入，期待我们相关领域的工作者能抓住机遇，以"互利、共赢"创造中欧城镇化战略合作的未来。

　　最后，我还要特别感谢本书的译者——朱杉女士，她细致、不懈的工作使得本书成功在中国出版；还要感谢阎安博士、罗国祥教授为本书翻译所做的校定工作，使得这本书的中文译本的质量得到大家的肯定；还有张冬弟先生为本书提供了大量图片。我十分感谢他们为本书所作的贡献。

前　言

随着退休的到来，我觉得是时候来整理一遍自己的资料和思路了。工作时总是很忙碌，经年累积的东西多于经过思考并整理成系统的内容。

记得那天我整理书架，看到上面满目凌乱的样子，不由发出感慨："应该是时候来总结这些资料了，要不就彻底离开它。"于是，我开始重新拾起这些资料。在一遍一遍的阅读和回忆中，我发觉，这些贡献给新鲁汶城市建设的岁月原来是如此珍贵而值得纪念，而对这座城市的未来，自己还确有一些忧虑。在即将告别职业生涯之际，我决定动笔记录下对这座城市的些许思考。应该从哪里入手呢？对于大学城从无到有的经过，其实米歇尔·乌尔汗（Michel Woitrin）① 和让·勒沙（Jean Marie Lechat）② 已经作过详尽的描述。还有安德烈·马尔昂（André Mertens），对城市初创时期的工作做过详尽的论述。让·贺敏（Jean Remy）③ 劝我续写新鲁汶城市发展史以及对未来的展望。这部分也许才是我应落笔的地方。

伍迪·艾伦（Woody Allen）曾说过："令我感兴趣的是未来会发生什么，因为在那里我将度过余生。"

---

① 新鲁汶大学城创始人，被誉为"新鲁汶大学城之父"，于1970年前后担任大学校董会主席，负责大学的财务和物资管理。是他的决定最终使法语鲁汶大学，即"新鲁汶大学"，搬到现在新鲁汶大学城地区。

② 大学城创始人之一，曾任新鲁汶大学产业部部长，主管城市规划及土地开发，写过两部有关新鲁汶大学城创建历史的书籍。

③ 新鲁汶大学教授，城市社会学专家，1994—2004年曾任大学城规划部门负责人。

尽管我将这句话视为经典，可是作为一名城市规划者，如果不对城市规划和建设历程进行分析，又如何能探究它的未来？因此，尽管新鲁汶市的历史仅 40 余年，但是当我们展望其未来前景的时候，仍然需要细致了解和分析它的发展历程。如果不这样做，就极有可能陷入对眼下建筑和规划领域"时尚潮流"的追求，我对未来的思考会立刻被人遗忘。

此外，一座城市的发展脉络包罗万千，究竟应从哪里入手？怎样才能进入最核心的部分而避免泛泛而谈？

解决这个问题需要不断地从理论联系实践的过程中去提炼。而作为城市规划师，我对这个过程驾轻就熟，因为它伴随了我整个职业生涯。

此外，我还会在这里探讨一些比较生疏的话题，但是这些内容却构成了城市规划师行动的出发点和职业责任的基础。作为城市规划者，如果我们的目标是为市民们创造一个有利于发展的美好环境。那么哪些因素和指标应该成为我们的行动指导？

在 2009 年离开岗位的时候，我承认当时的心里有些焦虑：焦虑的原因并不是对年轻一代的同事们缺乏信任，而是看到新鲁汶市正面临着一个新的发展时期。在城市初建的那个时代，没有人看好这个新城市建设项目，开发商们更是不闻不问，所以我们必须主动去争取投资人的信心；但是今天，新鲁汶大学城已经成为了比利时炙手可热的地区，开发商们对这里垂涎欲滴。如何分好这块蛋糕，如何避免城市的建设被大型开发商的意愿所左右，是摆在城市规划师面前的新挑战。此外，新鲁汶地域面积较小，不能容许过多的错误行动而造成无法挽回的损失。

未来如何发展涉及城市可持续发展的相关内容。本书中，我将论述在这一领域所做的思考。可持续性发展是判断这座城市是否处于正确发展方向上的标志。需提醒读者们的是：你们不会在此找到任何能引起轰动的提案。作为新鲁汶市最初的规划者，我认为首先应当把这座城市摆在连续的历史进程中去思考，然后不断追求城市生活质量的提高。轰动一时的行动不是我们的目标，生活品质才是!

作为本书的作者,我希望这本书能够被社会大众接受。因此在写作方式上,我避免了使用专业术语和庞杂的数据表格,而且尽量不涉及法律和政策层面的具体信息;如此一来,我的思考便不会局限在所谓"理性和客观"的思路当中。我坚信,为普通民众理解城市化进程而写作对于城市规划者意义深远!

"国际化的视野,本土化的行动",这是当下时髦的口号,但它却中肯地指出了国际化浪潮下城市规划师应具备的素质。我将它作为行文脉络的主线条:即在完成对历史的回顾后,以点及面,从新鲁汶的相关经验出发,阐述我对世界范围内城市化建设的相关思考;行文的主旨会重新回到新鲁汶,在城市化迅速发展的时代背景下,对大学城的现状及未来进行分析和探讨。如果我的思路带领读者们逐渐离开了这片试验田(新鲁汶),进而联想到其他城市,并且对未来的城市化、土地开发以及社会发展等问题进行有益的思考,那么我写作的初衷也就达到了。

在前言的最后一部分里,我将向读者们说明"城市规划"这个广为人知的概念所包含的丰富内涵。

我第一次听说"城市规划"这个名词的时候,还是一个穿短裤的小男孩。我看见一些房屋的外墙上画着彩色的窗户,当时只觉得奇怪,于是问妈妈:"为什么这些房子上装饰着假窗户呢?"妈妈回答我说:"这是城市规划的一项具体要求……"于是我想,城市规划就是房屋的外观设计。后来,我成为了一名城市规划师,对这个概念的理解有了清晰的认识。毫无疑问,城市规划师所需考虑的内容十分广泛,在这里,我希望把这个概念的内涵尽可能全面地展现给读者。

通常,人们会以为城市规划就是建筑布局或城市景观设计。其实,这只是城市规划师的最后一道工序,可以归为建筑和景观美学的内容。

对于城市规划的技术工作者来说,他们的工作领域非常广泛:从社区的结构设计到区域整体的土地规划,从大都市的交通拥堵问题到一条道路的减速设施安置，从人口规划、工业布局到一条路堤的日常维护。这些都是有关城市规划技术实践的重要内容。

在开展技术工作之前，还有其他专业参与城市规划，例如，土地规划和开发方面的法律专家。这些专家的工作范围正持续扩大。

城市规划里涉及人文知识的部分，主要为社会经济学家研究的范畴，可以定义为城市社会学。

然而，在大多数有关城市规划的专著中缺失的内容，才是其内涵的核心。它是有关人类行为与生存环境之间关系的问题，是动物行为学家研究的领域：人，这种生物，把他放在不同环境下生活会分别产生哪些不同的行为？怎样的生活环境会整体提高人们的生活质量？怎样的生活环境会降低人们的生活质量？

一座城市的价值并不体现在它的人口规模和功能的种类上。城市内在的互动、各种因素的交汇及其丰富程度，才是它的主要特征。它是一个真正的生态系统，其运行依靠许多附属系统的协调运作。形式各异的人居环境①，它们的新生、发展、壮大和没落的过程给予这个生态系统演变的契机，而其组成成分也随之变化：包括水文情况、日照情况、小区域气候、流动性、人口结构、房地产市场、就业市场、政治环境、民间团体、发展与管理的动力。

城市的演变总是经历着相对漫长的过程。这对于城市规划师来说，是一个不小的挑战。

由于城市的演变总是缓慢而不易被察觉，因此，如果不细心观察，我们很可能在变化表现得明显以后才后知后觉。举例说明：新鲁汶市中心城区的年轻人口正在被老龄化且缺乏活力的人口取代。

因此，要使城市实现可持续发展，我们必须对规划工作进行不断的反思，并且掌握对城市中长期发展的管控手段。这些具体手段应独立于政策和权力的变迁。

新鲁汶市取得成功的因素之一就在于其大学发挥了充分的作

----

① 英文 human settlement，指形式各异的人类居住环境、例如村落、城镇、大都市等。

用。虽然新鲁汶大学没有行政权力，但是它牢牢掌握了上述手段，并且在对土地及不动产的管理上、在项目实施的时机选择上，作了细致而周密的安排。

当我们展望未来的时候，应当回到历史的长河之中，因此对新鲁汶发展历程的回顾将是本书的第一部分内容。如果把城市发展比作开车，那么前进时不看后视镜将会是非常危险的事情！

新鲁汶大学城的发展历程可以简要概括为四个阶段：大学城的来历，创始理念，对区域发展的影响，走进现代化大都市圈。

目　　录

1. 历史回顾

1.1　新鲁汶大学城的来历

这座大学城的建立要从比利时历史最悠久的大学——鲁汶大学说起。

鲁汶大学是欧洲历史最悠久的学府之一，位于比利时北部弗拉芒语（荷兰语）区的鲁汶市。中世纪时，鲁汶市就已经是一座十分重要的城市：13 世纪时，它曾是纺织业重镇；公元 1425 年，教皇马丘斯五世（le Pape Martin V）决定在此地兴建一所大学，这就是后来的鲁汶大学，全称为"天主教鲁汶大学"。

大学成立之初的一百多年里，老师均使用拉丁语授课。到了17、18 世纪，授课的语言逐渐被法语取代；在当时的欧洲，法语不仅成为了上流社会知识分子的通用语言，也被公认为欧洲的外交语言。由于大学地处弗拉芒语（荷兰语）区，在此后的一个多世纪里，教学一直使用法语和弗拉芒语（荷兰语）两种语言。

然而到了 19 世纪，弗拉芒语（荷兰语）社群在比利时整个国家的重要性逐步提高，弗拉芒人开始捍卫他们自己的语言文化，并在政治上获得了更多的自主权。1950 年起，弗拉芒人公开提出，鲁汶大学所属法语部分应撤离弗拉芒语地区：这项要求随即成为了弗拉芒语区捍卫运动的标志。

不同语言双方对峙持续白热化，直至 1968 年大学负责人最终意识到，在南部法语居民聚集的瓦隆地区①兴建一个新的法语校区才是唯一的出路。1969 年，根据比利时议会决议，从原鲁汶大学正式分化出法语鲁汶天主教大学，而原来的大学被称为弗拉芒语鲁汶大学，后来人们习惯称这两所大学为"老鲁汶"和"新鲁汶"，而"新老鲁汶"一起被称作鲁汶大学。

对于新鲁汶大学的领导人而言，摆在他们面前的首要问题是，新校区应采用哪种形式？

方案一：（当时有 2 万多名学生）独立建立一个校园，远离城市。这种方式最初由美国大学创立，其后一些欧洲的大学，其中包括比利时的大学也纷纷效仿。但这种方式存在不少弊端，比如出行不便以及生活质量无法保证。此外，学生们在校园生活，局限于他们自己的圈子，也就意味着无法参与社会活动，无法实践作为一名普通公民的义务和责任。这样可能会引发激烈的社会矛盾，比如 1968 年 5 月的法国巴黎学潮。

方案二：将校区建立在法语地区一个主要城市的市内或者郊区。但这个方案容易引起地方上的政治矛盾，连带引发房地产市场的波动。法语区的主要城市均属于社会党和自由党的管辖范围，而两党均不乐见在其管辖区内出现"天主教大学"的选民。

方案三：以校园为中心建立一座中小规模的新城市。尽管这种共同发展的方式会产生许多困难，但双方也会因此而获得优势。鲁汶大学在过去的 550 年里伴随着鲁汶市的成长取得了长足的发展；实践证明，这种城市与大学相互融合并存的方式，将会为本地区的智力资源、文化生活以及城镇化经济注入持久的活力。在参访了许多欧洲古老的大学城后，新鲁汶大学

---

① La Wallonie 瓦隆大区，比利时法语区。

的管理者们终于决定，依照此种方案建立一座新的大学城。

在距离首都布鲁塞尔以南 25 千米处有一个小城市——奥迪尼（位于法语瓦隆区）。当时的奥迪尼市长邀请新鲁汶大学将校区建立在这片土地上。新鲁汶大学接受了市长的邀请，但坚持由大学自己来主导整座新城市的规划和建设。

就这样，新鲁汶大学城诞生了：在这座新兴的城市里，学生数量只占总人口的三分之一，常住居民占到三分之二。生活在其中的人们都能感受到其优良的生活品质，这很大程度要归功于它的城市规模（城市区域的半径为 1 千米），居民步行就能到达各类生活设施；这座名副其实的步行城市不仅为市民的日常生活带来了便利，还增进了人与人之间的交流，促进了社会文化生活的不断丰富。直至今日，大学城所营造的生活品质已成为这座城市经济和社会发展的稳固动力。

新鲁汶大学城不是某种宏观政策的果实，而是人们在这片属于大学的土地上不断培育新的价值和增长点的结果。

提到大学城的创建，就不得不提 1970 年制定的《新鲁汶大学城总体规划纲要》（1992 年修订）。该纲要的主要内容包括城市规划的基本原则、城市的布局结构以及开发计划。

新鲁汶大学城的创始人希望城市的布局能尽可能多地促进社会交往。因此他们避开了建设一个纯粹"功能型城市"，即城市的商业中心、文化中心、行政中心、学校、办公区以及居住区因功能的不同而被规划在不同的区域，这些区域与区域之间只能用公路联系起来。在这样的城市结构里，人们只能依靠汽车出行。这样一来，就失去了步行相遇的亲切感，也就违背了初衷。再者，他们相信新鲁汶大学城不能成为一座"卧城"或一个封闭的城市；前者只能依赖其他大城市的运转而成为其卫星城，而后者则与外界缺乏沟通。

《新鲁汶大学城总体规划纲要》明确指出，正在规划中的新鲁汶大学城将是一个紧凑型中小规模的城市，它将秉承欧洲城市规划的传统价值观并不断更新，以适应时代的发展。这些传统价值观包括：人本主义精神，人口和功能的多元化，丰富的智力资源、社会活动和文化生活，建筑风格的协调统一以及对地产的管控。另外，这座新城市将以步行交通为主，中心城区不会见到汽车的身影；周边住宅区尽管拥有步行与机动车两种道路，但二者相互分离、并行不悖。

在经历了无数政策、融资的困难与挑战后，新鲁汶大学城在该纲要的指导下实现了关乎打造高品质生活环境的种种预期目标：

- 健康发展的房地产市场，地产价值稳固提升。建设初期，相关规划、设计原则和建筑风格的选择令人感到限制。但不久，本地居民、开发商、各行业从业者以及科技园的入驻企业都明白了这些规定和选择的益处。新鲁汶大学，作为城市发展的推动者，为实现建设初期对市民的承诺，始终致力于房地产市场的稳步发展。

- 注重提高文化生活和智力资源的品质，社会多元化水平以及文化开放水平得到了保证。这些附加值不仅使市民受益，而且为科技园的发展注入了活力：入驻企业看中这里的生活品质，而它又成为了企业吸引高端人才和合作伙伴的重要砝码。

- 坚持选择高质量的研发企业入驻大学城科技园并大力促进智力密集型产业就业。目前，新鲁汶科技园已有超过215家入驻企业，创造了5 600多个工作岗位，高科技企业争先进驻，发展势头十分迅猛。能够入驻新鲁汶科技园已成为该企业在比利时乃至欧洲地位的重要标志！

- 注重培育优质教育资源。从幼儿园、小学一直到大学及高等学院，新鲁汶大学城十分重视对教育需求的满足并积极培育全方位的教育资源。

- 始终致力于打造高质量智力资源和文化生活：包括各

类国际会议、展览、研讨会、老年大学、博物馆、文化表演、公共艺术作品展示以及城市景观的布置。

该纲要所制定的规划原则和目标极大地促进了城市的发展，也实现了当地房地产的保值增值。未来，随着这座城市的通达性越来越高，大学城的魅力和影响力还将持续扩大。

今天，大学城的常住居民已超过20 000人，白天容纳45 000个工作岗位，新创造就业岗位超过12 000个，而它对区域发展的影响更远超这些数据。

这样的成绩无疑是令人瞩目的，这也使新鲁汶成了比利时高科技企业争相进驻的热土。然而土地是宝贵而有限的资源，尤其在一座步行城市。显而易见，如何有效地管理已取得的成功，如何实现城市的可持续发展，是当前最重要的议题。这也是我写作本书的主要目的。

1.2 大学城的创始理念

新鲁汶大学城在最初规划时（1968—1970年）确立的目标，是为了给大学、学生和教职员工建立一个安全、舒适、亲切并能激发创造力的生活环境。我们即使在档案文件里逐一查找，包括1970年制定的《新鲁汶大学城总体规划纲要》，也找不到有关其他创建意图的记载。当时的大学领导人相信，一座中小规模的城市最符合这一目标的实现。在过去的五个多世纪里，鲁汶大学在比利时北部弗拉芒区的古城鲁汶市成长壮大，成为享誉世界的高等学府。历史经验告诉新鲁汶大学的创建者，大学与城市不仅能够共生，也能够共荣共赢。尽管如此，在制定规划纲要之前，时任新鲁汶大学校董会主席的米歇尔·乌尔汗（Michel Woitrin）先生还是走访了多所大学城，亲自证实了这种联合体存在的必然性和现实性。

1970年，《新鲁汶大学城总体规划纲要》制定完成。在这里，为避免引用纲要冗长的文字，我将引述米歇尔·乌尔汗在1997年参加好友及同事雷蒙·勒梅尔（Raymond Lemaire）① 的葬礼时的讲话。时隔 27 年，乌尔汗对当时和勒梅尔先生一同创建大学城的经历记忆犹新，他的讲话娓娓道出了新鲁汶的创建理念、规划工作所遵循的原则以及他们作为创始人对"平衡"这一目标的不懈追求。乌尔汗先生的讲话不是以具体数字和技术指标作为成功的依据，而是对城市的可持续发展的探索与思考，但在当时"可持续性发展"这个词还尚未出现。

我把这段话概括为 11 个要点，在此与大家分享：

（1）尊重历史：不忽略历史而冒进，也不仿造历史。

（2）以开放的心态面对未来，面对变化：应保持城市规划的弹性，坚持总体规划的原则性与灵活性并存。

（3）不迎合短暂的潮流，拒绝单一政策和教条式的规定，例如：《雅典宪章》。

（4）致力于以人本主义为基础的城市规划：市民的生活质量是衡量一切的标准。勒梅尔曾担心现代城市的过度扩张问题。对于新鲁汶这座步行城市，规划的重要内容体现在如何处理好步行者与街道及建筑物的关系，如何营造良好的城市氛围。

（5）建筑物为其使用者服务，这条原则应凌驾于设计师的个人意愿之上。我们的设计师偶尔会因此而感到失望，但是在城市建筑布局工作中更需要运用设计师的创造力。从社会学层面看：一个能让居民感到舒适的生活环境对社会的发展至关重要。

（6）重视自然环境：一个地区的自然地理特征决定了城市的基本形态。谨慎对待城市扩张，避免对自然环境造成破坏。

（7）视觉设计工作是重点：包括城市景观、建筑布局及街道

---

① 毕业于鲁汶大学，1965 年他开始在联合国教科文组织（UNESCO）任职，曾担任核心顾问团成员（专业领域是世界文化遗产保护）。1970 年，他成为新鲁汶大学城规划团队的带头人。在其设计理念的指引下，新鲁汶的规划突出了紧凑精致、协调统一的特点，避免了机械化的功能分区和大规模扩张。因此，他被公认为规划创建新鲁汶大学城的重要领导者。

和公共场所的布置，将体量过大的设计方案进行分解并控制建筑物的规模。

（8）建筑外观材料的运用：外观材料直接影响到环境的质量。我们应该运用耐看经用的材料并努力塑造丰富而多样的城市环境。

（9）大学的角色：在城市初建的年代，大学融入了整座城市；但随后，大学逐步展现出对城市发展无可替代的作用。

（10）尊重不同意见：善于倾听建筑设计师和使用者的意见，对持不同意见者和创意人士的意见也给予重视。

（11）勒梅尔在工作中，始终坚持理性智识与主观感受之间的平衡，谨守资金限度和校方规定，并重视与各方的沟通。

在这段话的结尾，乌尔汗还引用了阿伯克隆爵士奖（Sir Patrick Abercrombie）的评语①。该奖项是国际上城镇规划领域的最高荣誉，1978年国际建筑师协会把该奖项颁发给新鲁汶大学城。

由此可见，乌尔汗和勒梅尔决心把新鲁汶这座城市载入欧洲大学城的史册，结束“二战”以来由《雅典宪章》②所主导的新城市建设。对他们而言，未来并不是一次与历史的决裂，而是人类文明在时间长河中的延续。城市在他们眼中是人与人实现交流、建立各种联系的地点，是内涵不断丰富的理想国，是创造社会的有机体。它代表了人们一种共同的生活方式，是人类社会文化的一面镜子。这样的社会内涵构成了新鲁汶城市化建设的核心内容。它不仅推动了城市发展，也保证了当地社会的需求得到尊重和满足。总之，一座城市的形象并不是其物质结构，而是它所展现的社会生活

---

① 评语原文：“由于雷蒙·勒梅尔所领导的团队的出色工作，新鲁汶大学城成为了新城市建设领域最精彩也最具参考价值的案例之一；城市从无到有的设计理念，市民参与规划治理的管理思想以及所运用的各种工艺和手段，使这座城市成为了城镇规划领域值得深入研究和推广的经典案例。”

② 1933年国际现代建筑协会（CIAM）第四次会议通过了关于城市规划理论和方法的纲领性文件——《雅典宪章》。它指出，城市规划的目的是按居住、工作、游息及交通四大功能进行分区。该文件极大影响了“二战”以后欧洲的城市建设。

画面。

　　从一开始，我便敏锐地捕捉到创始人的理念。他们对这份事业有着相同的理解与热情。他们的创始理念加深了我们对城市的理解，并从侧面告诉我们规划本身并不是最重要，最重要的是如何将城市的社会层面的内涵体现在规划中。城市化是一项社会运动，它能聚集多方面的社会资源和力量；只有依赖一位强大的业主，才能将公共利益与个体利益进行平衡并达成协作关系。

　　此外，我还感受到他们对建设开放型城市的重视。城市应该是内部有机连通的整体而不是所有（单体）建筑物的堆积，应该是多元的融合而不是分离。这意味着在规划工作中，公共空间的布局、道路交通网的设计是基础。规划工作应围绕建立城市的连通性及提升整体氛围而进行，其次才是形象工程。

　　从建筑角度看，勒梅尔先生一直认为建筑应服务于城市、应符合城市整体规划的要求，单个建筑物不应凌驾于城市整体形象之上。然而，建筑师们亦不能仅仅甘于配角的角色，他们应注重与规划人员的沟通，使形态各异的建筑设计能够融入城市整体规划方案中。因为最终，一座城市视觉形象的代表是建筑，这就好比一部戏剧是由演员来塑造。演员的水平直接决定戏剧的成败，因此建筑的质量对一座城市至关重要。

　　据安德烈·马尔昂（André Mertens）① 回忆，勒梅尔及其团队的目标是在协调统一的整体环境中实现建筑的多样化。在欧洲的古城中，建筑多样化与整体环境的统一是经过漫长的自然选择而实现的；但新城市却缺乏这样的时间底蕴。新城市的建筑风格，要么是整齐单调，要么是凌乱并置。勒梅尔希望收到新颖而富有变化的建筑设计，但同时规划师须懂得如何将这些设计方案恰当地融入城市的整体环境中。

　　如果再次审视《新鲁汶大学城总体规划纲要》，我们会对该规

---

　　① 勒梅尔的工作伙伴，并在 20 世纪 80 年代被任命为新鲁汶城市规划委员会主席。

划纲要产生新的解读：这种规划的核心其实是对大学城实现可持续性发展的展望，尤其体现在设计城市规模、人口密度、交通方式、文化社会生活方面。

其他具体措施在大学城的建设过程中逐渐明晰，比如：热电产能取代柴油供暖，排水系统管理（雨水、地表水、地下水及废水的收集与排放），绿地养护与植物栽培，地名的丰富性与统一，公共艺术作品的布置，市民参与城市化建设，等等。建筑节能，或许是纲要中唯一缺少的内容，我将在后文中进行说明。

正如创始人所设想的，新鲁汶被建成为一座紧凑型的中小规模城市。它不是"花园城市"的代表，而是依托自身的结构、功能和人文环境成为了一座真正意义上的有机城市。直至今日，它的范围没有延伸至广阔的原野。但是围绕城市的 400 万平方米绿地使其步行道路无限延伸，达成了创始人"将城市建在大自然当中"的梦想。

1.3　对区域发展的影响

新鲁汶的城市化建设对布拉邦瓦隆省①的发展有着直接而迅速的影响。尽管我不敢贸然断言，如果没有新鲁汶大学城，布拉邦瓦隆省不会取得今天的成就，但是新鲁汶对整个地区发展的作用好比催化剂，是一个极其重要的环节。

20 世纪 70 年代新鲁汶大学城刚刚落成，而布拉邦瓦隆省正处在经济文化荒漠化的过程中：除了小镇瓦夫尔（Wavre）还维持着它的商业活力，其他所有工业城市都处在衰退中，传统行业（制革业、造纸业、钢铁业……）陷入前所未有的困境，人们的文化生活也极度贫乏（整个地区只有一座电影院且没有一座像样的剧场。）这里也不再是居住在首都布鲁塞尔的人们休闲度假的去处。

————————

① Province du Brabant-Wallon，布拉邦瓦隆省，比利时瓦隆区（法语区）最重要的省份，距离首都布鲁塞尔仅半小时车程。

随着新鲁汶大学城的建立，这座年轻城市的魅力和影响也迅速辐射开来。集中表现在以下三个方面：

● 为房地产行业注入新的活力：1970 年，各大媒体的房产信息几乎被这片土地及周边的信息所垄断，无论是租赁还是买卖，就连尚未动工的房产也被争相抢购。新鲁汶大学城成为大家追捧的黄金地带。

● 带动就业市场取得新突破：大学的落户以及新鲁汶科技园的诞生虽然并未帮助没落产业的工人保住工作，但却为整个就业市场带来了多样而全新的工作机会：除了大学及科技园的专业人员，还出现了管理人员、商务人员、餐饮服务人员、技术工人、建筑工人、维修工人等职务空缺。直至今日，大学城所提供的工作岗位仍然超过当地劳动力人口总数。

● 文化教育资源的不断丰富和质量提升：这是一个容易被忽视的领域。尤其对于政府，新增就业数量、地产税收入以及社会保障房才是他们关注的重点。文化教育资源不过是附加在这块蛋糕上的一粒樱桃。直到壳牌公司①决定把研发中心从哈斯罗德（Haasrode）一个能获得政府补贴的地方，搬到新鲁汶市这个没有补贴的地方，人们才意识到，优质的文化教育资源其实隐藏着巨大的商业价值。当新鲁汶负责人询问壳牌公司做出这个选择的原因时，他们回答说："因为在这里，你们为我们提供了最好的文化教育环境：一方面，新鲁汶吸引着世界最顶尖的头脑；另一方面，我们的孩子在这里受到了优质的教育。"

文化与教育资源极大地刺激了房地产与工业技术的发展，提升了大学城的整体环境。大学也从中受益，成为了整个欧洲屈指可数的高等学府。高品质的环境使得拥有高水平工作人员与高质量公共

① Shell，壳牌公司，目前世界第一大石油公司，总部位于荷兰海牙。

设施成为必然。

四十年以后的今天，当我们回顾那个年代时会发现，随着交通尤其是高速公路网络的发展，人口逐渐从布鲁塞尔向城市腹地扩散，布拉邦瓦隆省因此而受益，逐步实现了经济转型。在布拉邦瓦隆省西部，滑铁卢-尼万尔（Waterloon-Nivelles）高速路建成，新住宅群及配套设施的建设刺激了房地产行业，随后带动新型工业区的规划，实现了第三产业的高速发展；在东部，布鲁塞尔-鲁汶-列日（Bruxelles-Leuven-Liège）高速路段的贯通，也促成了地产行业和工业的发展；而在中部，E411 高速公路尚未动工，以瓦夫尔（Wavre）城镇为中心的地区就出现了就业市场的突破，这应该归功于大学城的建立。新鲁汶的创建带动地区房地产行业、就业市场与文化教育资源的发展并引发了一系列新的经济增长机制的出现，尤其是对于第三产业的发展，这三种因素的关联作用不可忽略。

新鲁汶大学城为实现布拉邦瓦隆省中部的经济转型起到了关键作用，整个布拉邦瓦隆省的经济由于成功转型而取得了大幅提升，经济的发展水平足以支撑该地区高质量的公共设施与文化教育资源。这样，新鲁汶大学城为进入现代化大都市圈的行列已做好准备。

1.4 进入现代化大都市圈

在走过了创始阶段并逐步实现对区域经济发展的重要影响之后，新鲁汶经历了第三个发展阶段，即进入布鲁塞尔大都市圈。

新鲁汶进入布鲁塞尔大都市圈的过程十分复杂。它起源于房地产行业 20 世纪 80 年代的大萧条，随后各种因素的相互作用使得新鲁汶成为了今天布鲁塞尔大都市圈的一个中心城市。

概括而言，布鲁塞尔大都市圈的形成得益于城市空间发展的两个重要趋势。这两种趋势相继出现并且延续至今。

第一个重要趋势是人口不断从布鲁塞尔向城市腹地扩散①。这主要归功于新型交通方式的发展：空间的距离不再由千米数计算而是由所用的时间计算。人们相继搬出布鲁塞尔并定居在郊外开阔的住宅地块②上。与此同时，各种生活设施陆续在人口聚集地周围建立，例如商业中心、电影院、店铺沿着高速公路而建。这些生活设施的出现是为了满足这些迁出大都市的人群的需要。

这类人口的扩散无疑扰乱了既有的城市结构，也扰乱了之前的社会生活。

郊区生活令人向往，却并不便利。在这里，人们既得不到城市生活的好处，也无法享受乡村生活的乐趣。一切家庭日常所需及孩童的就学娱乐都依赖汽车来实现。除此之外，还有集体活动和文化生活的贫乏、教育资源的缺失、信息沟通不畅等问题。

当人们逐渐意识到居住在郊区并不能提高自己的生活质量反而增加了生活成本时，他们将目光转向周边的中小型城市。

第二个重要趋势正是投向这批被重新注入活力的中小城市。1980年房地产市场大萧条，迁出大都市的人们开始关注中小城市不断下降的房地产价格。渐渐地，越来越多的人搬进这些一直受冷落的城市。居民的涌入给这批城市带来了新的发展契机。一方面城市利用已有的设施和资源为新迁入居民提供了生活保障，另一方面城市的经济、文化、就业以及房地产行业重新迎来了发展机遇。这些因素的叠加效应刺激了社会各个层面的发展，使得社会生活得到极大丰富，就业机会不断增长。在这一轮发展机遇中，这批城市（包括新鲁汶）实现了复兴，成为了大都市圈板块中的新中心。

正如前文中所提及，这两种空间发展的趋势一直存在而持续演

---

① 自第一次世界大战以后，受到良好教育的青年陆陆续续集中到布鲁塞尔寻求发展，这使首都布鲁塞尔成为了比利时人口最集中的地方。然而随着交通的发展，越来越多的人选择搬出布鲁塞尔到郊外居住。

② 指布鲁塞尔郊区修建的专门为城市人口提供住宿的卫星城，这些人白天在布鲁塞尔工作，晚上返回居住地。

进，加之这个地区经济、文化、自然环境等因素的相互作用，逐渐形成了今天的布鲁塞尔大都市圈。

当然，除了以上两种趋势外，城市圈的发展还经历了其他的演变：由于新型交通方式的发展以及地方政策的鼓励，重新崛起的中小城市逐渐发展成各具特色的中心①，并在相互之间形成合作互补关系。由此，人们不再仅仅因为工作的需要从一个城市到另一个城市，而是因为各种不同的目的在其间穿梭。从规划角度来说，多原因的出行状态比上班族的定点出行更难以管理。

这些新中心并不把提供所有的生活便利作为发展目的，而是在为当地居民提供日常生活所需的基础上努力实现自身定位并尽可能地展现自身特点和优势。这样的发展模式有时会带来城市间的竞争，但更主要的是在彼此间形成了密切互动，形成了相对独立又彼此关联的有机整体。这样，城市圈实现了网络式发展的格局。帮助实现这种发展模式的具体手段包括市镇间会议、市长联席会、政策交流等。

今天的国际大都市布鲁塞尔，已经不再仅仅包括布鲁塞尔市及其郊区的范围，而是扩展到周边所有的新中心，在地理范围以及功能布局上真正形成了布鲁塞尔大都市圈。尽管城市圈内各个城市的发展速度和程度不一致，但就总体而言，城市圈内部的交流和互动正在变得更加紧密和频繁。

在新鲁汶，大学城依托自身科研力量大力发展以高新技术为支柱的知识经济。科学研究和知识经济成为了这里的特色，新鲁汶市在制定相关政策上也明确了此方向：

- 新鲁汶科技园的指导方针：入驻企业只能从事与研发和技术创新相关的活动，不得从事生产制造或第三产业的活

---

① "中心"是指布鲁塞尔周边的中小型城市，在这次新的发展时期，它们逐渐开发出自己的特点：比如新鲁汶的知识经济，瓦夫尔（Wavre）的商业中心等。

动；入驻企业可以享受与鲁汶大学进行科研合作的优先权和
资助。

● 加强文化教育资源的开发：除了小学、中学和大学以
外，还希望建立适合各个年龄层次、符合各类人群需求的学校
（目前已经建成的有老年大学、教师职业培训学校、社工培训
中心等）；另外，文化生活方面的投资进一步扩大，新建或扩
建剧院、电影院、展览馆、博物馆、健身馆等设施。

然而在商业方面，供求平衡被限制在大学城及周边的居民范围
内。换句话说，新鲁汶的商业发展被限制在其 7 万平方米的方圆
内，对其 3 万多的人口而言，供需达到平衡；但是其科研、文化、
教育以及交通方面的资源却大大超过了它（作为城市的）自身的
需求。

这里，就不再对布鲁塞尔都市圈的其他中心的特点一一作介绍
了，包括城镇瓦夫尔（Wavre），梭蒙吉杜（Chaumont-Gistoux），
孟圣吉拜（Mont-Saint-Guibert）等。

尽管如此，新鲁汶大学城取得成功的关键因素还得归功于它对
交通出行的管理。这里所说"出行管理"并不是基于它的地理位
置，与其他许多城市一样，新鲁汶也位于交通要道的交会处。它对
出行管理的真正独特之处在于整座城市从规划之初就确立了以步行
出行为主的交通方式。在此，我想就新鲁汶的城市结构作一个简要
介绍：大学城由步行道路网和机动车道路网构成；其中，步行道路
交通网十分完善，不仅四通八达可以通行到城市的每一个角落，同
时将整个城市连接成为一个整体；在中心城区，步行道路和机动车
道完全分离，步行街区在路面以上，机动车道在路面以下；而在外
围，包括布吕耶尔区（Bruyères），比尔霍区（Biéreau），欧卡尔区
（Hocaille），巴洛克区（Baraque）等地，步行道路和机动车道时而
分离时而合并，这是根据中心城区和外围区交通的不同密集程度而
设计的；总体而言，步行道路以中心城区为中心向周围地带发散，

而机动车道呈环状，必须绕城市环线①而到达中心城区以外的地区。由此可见，步行出行是这座城市最简便的方式，可以直接到达城市任何地方。

1970 年制定的城市总体规划纲要对这种步行交通作了明确规定，并进一步将符合步行人群生活的紧凑型城市规划方案写进纲要。然而，创始人对大学城的规划还是显得有些理想化：虽然按预计情况大部分居民都能够在本地找到工作，但是他们没有预计到交通的飞速发展和学生们对于出行日益高涨的需求。1972—1976 年规划的学生宿舍，没有为学生设计哪怕一个停车位，因为当时所有居住在新鲁汶的学生都没有汽车。但是到了 20 世纪 90 年代，三分之一的学生拥有了自己的汽车。机动车出行需求的持续高涨成为了这座城市管理者的一大心病。试想明天，三分之二的学生拥有了汽车，该怎么办？这些汽车停放在哪里？

另外，随着新鲁汶就业机会的增长以及城市环境的提升，越来越多城市周边的居民聚集到这里。经估算，中午大学城的人流量超过夜晚居民人数的两倍。因此，只有在交通情况得到有效管理的情况下，大学城才能保持其活力与魅力。

当意识到这个紧迫问题的时候，我们随即在 2003 年新鲁汶-奥迪尼市镇交通管理方案中提出了相关解决议案。解决议案以下面两方面的内容为重点：打造城市的可通达性以及内部的连通性。

城市的可通达性必须不断提升，以便使包括汽车在内的一切交通工具都能便捷地到达新鲁汶。汽车的管理需要按人群分类：早上到达晚间离开的工作者，城市居民，市中心停车场轮换使用的流动人群，沿 TEC 公交线路行驶的公共汽车使用者。此外，在铁路交通方面：位于新鲁汶市中心的火车站应坚持其载客量大、频率高以及出行范围广的特点；建设中的布鲁塞尔大区城际铁路将延伸到新

---

① 大学城的环线指由 N4 国道、罗塞尔大道（Boulevard de Lauzelle）、N238 国道以及东南边的巴杜安大道（Boulevard de Baudouin）所构成的环大学城公路。

鲁汶，为了方便人们乘坐城际铁路并增加载客量，城市计划在紧邻火车站的地方修建一座大型地下停车场，停车场将可容纳2 500个停车位。

关于内部的连通性，即城市内部交通，1970 年的规划纲要就对机动车初级道路网进行了设计。该公路网连接了新鲁汶市中心与周边各个区域（包括外围生活区、科技园区等）。如果希望开车从一个区域到另一个区域，那么汽车必须开出新鲁汶中心城区，然后跟随机动车道路网绕行到达目的地。如果采用步行，人们可以直接从城市内部穿行，这样极大地缩短了出行距离，也节省了停车时间。由于初级道路网的建立，无论是在中心城区还是周边区域都看不见中转车辆的影子。初级道路网上没有设立任何信号灯，但交通事故几乎为零。

除此以外，市内交通就是步行。新鲁汶有着十分完善的人行道路网，它始于市中心火车站，四通八达可以通行到城市的每一个角落。因此，人们需要在市区便捷地找到停车位，这样停车之后他便可以步行到市内各个目的地。为了这一方案的实施，规划师十分注意：步行的距离不过长，伴随步行者的景观布置令人感到舒适和谐。

步行者对周围环境的敏感程度比以其他交通方式出行的人更为强烈。这对城市规划者的景观设计提出了更高的要求：连续的景观布置，怎样从视觉、听觉、嗅觉等多角度进行设计，如何安置防雨防风装置……步行者应该始终成为这座城市的坐标，成为公共区域及设计架构的度量衡。

以上是对新鲁汶大学城自1970 年创立以来主要发展脉络的回顾与总结。当我们展望未来的时候这些总结显得尤为必要，因为从中我们可以理解城市的发展其实要依靠多种因素的相互作用。尤其是一座中小规模的城市，它的地域面积有限，因此城市化发展的效率就更加需要依靠这些因素的相互作用来实现。

让·贺敏（Jean Remy）① 曾经说过："作为规划师，我们应未

① 参见"前言"。

雨绸缪、具备控制不可预见情况的能力。"这句话十分中肯。如果我们希望尽量减少决策失误，那么仔细分析历史发展脉络，尽早采取预防行动应当是首要任务。如果难以挽回的情况已经出现，我们就要付出更大的代价和努力来改变。而另一方面，在城市规划工作中，经常需要政府相关负责人做出评判。他们通常会广泛听取意见，然后尽可能减少决策失误。但是最大的失误，其实来自不作为。采取这种放任的态度其实就是任由某些利益相关者谋取私利，公共利益的损失在所难免。

新鲁汶大学城的成功因素是多方面的，其中最重要的因素是大学作用的充分发挥。在新鲁汶城市发展过程中，大学一直是经济增长的驱动力，并且它始终维护其发展的宗旨：经济发展为公共利益服务，为建立平衡而高质量的生活环境服务。

2. 国际化视野

2.1 城市发展的未来

我们不仅应预测未来，同时要为未来做好准备！当城市越来越充实和丰富，可规划建设的余地就越少；因此，我们在工作中必须时刻保持审慎的态度。

今天的大学城面临诸多的挑战，主要包括：管理城市既已取得的经济成果，对大学及其学院的未来增长进行预测，监控人口的变化，坚持现有的公共设施和交通管理政策（该政策重点为城市的可通达性和内部连通性两方面内容）。此外，还应该对城市外围的发展做出规划，加强与周边城市及都市圈中心腹地的沟通与互动。要知道，在形势有利的时期进行投资不但能带来良好的收益，而且能避免因经济衰退而需采取的应对措施。

面对这些挑战，迫切需要科学的管理和规划作为指导。该规划必须符合城市长远发展目标，并且能够统筹多学科专业进行合作。此外，城市的不动产投融资机构应坚持高水平发展的模式，通过资产长期增值来实现城市的持续健康发展。

新鲁汶所在布拉邦瓦隆省正处在高速发展时期，因此理清区域土地开发与城市发展的关系、明确新鲁汶的区域地位显得十分重要。另外，我们应时刻关注市民生活质量的问题。当问起人们选择城市而远离郊区生活的原因时，他们普遍会回答主要是由于城市丰富的社会文化生活，其次才是经济和功能设施方面的原因。

谈到生活质量的问题，我们不禁联想到人与生存环境的关系，这属于人类行为学的研究范畴：怎样的生活环境才能使个人在社会当中得到充分的发展？这应该是每个城市规划者首要考虑的。今天这个时代，我们关注的焦点不应该是以经济效益为目标的城市化建设，也不是房地产的丰厚收益和不动产投资机构的成绩，而应该是如何最大限度地公平地为所有人提供高质量的生活环境。

2.2　最适宜人居的环境

二十多年前的一篇文章中，我针对最适合人类居住和自身发展的环境特点做过论述。论述中曾引用奥地利动物学家洛伦兹（Konrad Lorenz）[1] 的一句话："相比较其他物种而言，人类的特殊才能以及善于获取知识的能力，都是在几千年的演变中进化而成的；这种进化实际是人类为适应外部环境而衍生的内部变化的过程。"[2]

基于这种观点，我在文章中进而阐述："城市化建设和土地开发实际就是创造和改善人类生活环境的过程；在此过程中，应该对生活于其中的居民进行了解：他们从哪里来？有着怎样的生活习惯和文化背景？这样，在制定城市化发展方案时，我们就能以居民的需求和感受作为出发点，将我们所塑造的环境融入来自居民本身的文化和价值观。现代的技术手段能够帮助我们更好地实现这一目标。"

洛伦兹先生继续在书中写道："人类对自我的认识，不仅包含个人层面，更包含了文化层面的认识，这使他们具备了改善外部环境以适应自身文化背景的能力。这种环境与文化相适应、相融合的状态使人类在社会生活中找到安宁与和谐。"

接着，让我们从动物行为学的角度出发探究外部环境是如何引

---

① 奥地利动物学家，现代行为学奠基人之一。
② 引自洛伦兹：《镜子的反面》，第 11 页。（K. Lorenz, L'envers du miroir, p. 11.)

发动物（包括人类在内）行为的改变的。当然，人类的情况比动物复杂许多，因为动物的行为在特定环境下通常是固定的，并且它们不会对自身行为进行反思。尽管如此，我们仍然能够从动物的实验中总结出对人类有借鉴意义的内容。例如，在生存环境中的安全感、对领地的占有欲等。我们只有全面理解环境与居民之间的关系以后，才能做到真正地提升其环境质量。城市发展与居民需求的互动关系始终是问题的核心。如果我们希望城市能按照所希望的方向发展，那么首要的一步是进入城市发展的内部机制、理清其运行方式，剖析各方的驱动力；然后，统筹利用这些力量和机制使它们按照我们既定的目标前进。

众所周知，令人感到幸福的生活环境应当具备以下几个要素：安全感，对环境的归属感，丰富的社会活动，高质量的文化教育资源以及配套设施和服务的质量。

以下几个章节我将分别对这几个要素进行论述。

2.3　城市的代价

城市环境不存在于动物世界里。群居动物，例如白蚁和蜜蜂，尽管在它们群体内部组织结构和分工异常严密，却不存在个体的心理状态①。狼、猴子、大猩猩以及某些鱼类和鸟类，它们也过着群居生活，在它们的群体内部已经出现了等级关系和家庭关系，甚至是相对复杂的社会活动关系；然而它们的生活环境也没有形成城市。直到人类的出现，其智慧足以组织精细化分工，正是这种社会生活的专业化分工，最终促使城市的诞生。城市是人类群居生活的高级状态，它为人类日常生活需求带来保障：生活在城市中，人们不用再去寻找衣服和食物；自来水的供应和污水的处理得到保证；采暖制冷的能源得到供给；孩子的教育和看病就医都能得到妥善安排……但从另一方面来讲，人类也逐渐丧失了一部分来自祖先的

---

① 除了某些哺乳类动物，群居动物一般不会产生个体心理。

原始生存能力。

当基本生活需求都能通过城市的组织安排得到满足时，人们便拥有了足够的时间进行其他活动：发明创造，科学研究，艺术创作……这些活动一方面能够满足人们的好奇心，锻炼脑力，激发创造力，另一方面也帮助人们提高了生活的舒适度，并发展出对科学艺术的追求。

城市给予这些活动最适宜发展的土壤。它把人们从乡村生活的因循守旧中解放出来。通常只有生活在城市的人口，其规模和开放程度才足以接受新奇的事物、新潮的思维以及探索的刺激。村落内部的管控体制会排除这些不符合传统惯例的东西，然而城市会将它们看作边缘性质的事物因而采取包容的态度。

然而，这种行为的自由、文化生活的丰富以及知识的繁荣也带有负面影响（即所谓"代价"）：空间被占据、物品堆积、污染和噪音频繁出现，人心焦虑不安以及其他极端情况。为了控制情况的恶化，城市管理者制定了一系列严格规定，采取了强制手段并创建了专项管理机构。对于他们来说，只有这样才能治理越来越纷繁复杂的社会生活。

全球人口的增长连同人口向城市地区的汇集，加速推进了科学技术、文化艺术的繁荣。可以说，城市化进程才是科学文化发展背后的真正原因。

在人口增长和城市化发展的背后，是人与人之间越来越紧密的交流与互动。城市的高密度联系网带来了越来越多的感官刺激（视觉、听觉）和智力冲击。这些刺激性的元素，对人体内分泌系统的运作、人脑的智力开发以及社会活动的发展起到了关键作用。由此我们可以相信，今天的人类，由于接收着比他祖先多十万倍的刺激元素，已经成为了不一样的生物。另一方面，群体的个体数量已经不再是其主要特征，人际交流的信息网络才是定义这个群体的关键因素。为了更充分地说明这一点，举例来说，非洲中部的土地面积虽然与德国、法国的面积相当，但是它 500 万人口所交流的信息量及频率远远不及一个拥有 500 万人口的现代化大都市。更不用说其思想观念的交融、文化技术的创新、社会生活的丰富程度都无法与现代化大都市相比。

2.4　环境的安全感

居民获得幸福的前提是拥有安全感。然而，安全感与其对领地的维护紧密相关。爱德华·霍尔（Edward. T. Hall）的著作使我最近对这种现象产生了浓厚的兴趣。他在《隐藏的维度》（*La Dimension Cachée*）一书中写道：对领地的占有几乎是所有动物（包括人类在内）最基本的需求。这是动物的天性，它能促进物种的繁衍和种群的调控。

动物们熟悉自己的领地、知道其特点并在遇到危险时能迅速地找到应急避险的地方。领地是动物们游戏、休憩及寻找庇护的地方，它为动物们繁衍后代和抚育幼崽提供了安全适宜的环境。另一方面，维护自己的领地并在其中追逐狩猎，这确保了占有领地的种群的团结统一。领地虽然是最私密和安全的地方，但对于初生的婴幼儿和新迁入的居民而言，通常还需要一些过渡性的物品或地带来逐步适应较大的区域。对婴幼儿来说，过渡性的物品可以是他的玩具、布娃娃、小儿书或者儿童床。通过它们，幼儿可以马上找到安全感，并由此感知和认识外部世界。对成人来说，熟悉一个新环境的过程可以通过他的工作、爱好、信仰或者邻居而实现。这些中介地带容易被了解和亲近。通过它们，外部世界变得不再可怕、对它的探索和征服也就随之而来。

人们发明了许多方式维护自己的领地：围墙、栅栏、界标、守卫、对讲机、报警器，还有一系列法律规定和风俗习惯以便应对复杂多变的情况。当人们在自己的地盘上感到足够安全，便开始了对外部环境的探索与征服。通过对动物和人类历史的考查，发现两种特殊情况能促使动物和人类开始对外部世界的探索：一是当他们受到威胁时，二是拥有足够的安全和保障时。

一般而言，动物在哺育照顾幼崽的时候并没有机会对外部世界进行探索。然而，当它们的家园遭到破坏，饥饿和威胁就迫使它们走出家园、探索外部世界。另一方面，当幼崽已经独立而它们的精力仍然充沛的时候，动物往往也会将注意力转移到探索未知的世界上。

对于人类而言，情况是相似的。在饥荒和战争的岁月，他们往往被迫离开故乡寻找新的世界。另一方面，在一个繁荣稳定的社会，强大的实力能够支撑对探索与创新的意愿。而勉强维持生计的社会往往更保守，因此不存在任何探索和创新的动力。

刚出生的婴儿十分脆弱，不具备任何自理能力，往往需要长年的照顾和教育才能长大并真正独立。人类是社会的动物，知识的传承不仅仅需要父母的努力，也需要全社会的力量。人类过长的抚育期，对居住环境产生了十分微妙和特殊的要求：一方面，居住地要兼顾私密性、安全性和舒适度；另一方面，它还应便于与外界交流，以激发幼儿的好奇心和求知欲。

因此，一个高品质的环境应该首先让居民拥有安全感，容易亲近并且便于驾驭。这种感受往往来自于物理环境，包括其街道的组织、景观和建筑物的布局、绿化情况以及污染程度等；但同时也来自社会环境，比如职业情况、家庭生活、居住方式、艺术品位、饮食、体育爱好以及信息沟通等。我们不难发现，缺乏品质甚至环境恶劣的地方往往被人们遗弃甚至令人感到恐惧。比如在一些郊区，肮脏混乱的环境令人感到不安，一些年轻人往往会采取暴力、为所欲为。他们的行为其实是缺乏安全感并想征服外部世界的表现。而这，正是他们的居住环境所造成的。

除了认识到安全感的重要性，我们还应该鼓励居民成为居住环境的主人、成为整个城市的主角，给他们提供尽可能多的机会去亲近社区、主导社区生活并共同分担起管理城市的责任。

通常一件紧急事件的发生会促使"社区委员会"的出现。如果能在此基础上常设"居民协商委员会"，那么这对于社区和城市的管理将会是一件颇具建设性意义的事情。

当人们看到自己的生活环境被守护起来，他们才会感到安心。

也只有让居住在这个城市的市民感到放心，感觉到是在自己家里、在自己的社区、有周围熟悉的环境，他们才会更愿意与他人交往。

邻里之间、市民之间的交流与互动可以增加生活的安全感与乐趣。城市为这些交流互动提供了机会和场所：公共场所（广场、街区等），娱乐场所（咖啡厅、剧院、展览馆、体育场等）或是各种会议。

当人们从居住环境中获得了安全感以后，就会开始关注有关人口密度以及社会地位的问题。这正好是后两个小节的主题。

2.5　城市密度

这是一个备受争议的话题。一提起它，人们就会联想到自己居住的环境。为保卫居住环境，他们会说：在我们这里，1 万平方米的土地上只能有 10 栋住宅，邻近的新社区不能超过这个密度，因为我们热爱这里的宁静和大自然。另一些人则借用《雅典宪章》（参考第 1.2 节注释②）对低密度展开辩护：城市的功能分区以及空间的增长使人们的生活区域变得更为开阔，而电话、汽车和互联网的普及又改变了人们的生活方式；因此，我们不再需要人口密集的居住地，而是应坚持低密度环境。

还有些人从生态环境的角度出发，捍卫低密度环境。不过从他们的言语中，我们可以分辨出谁在维护自己的居住地，谁又是真正关心地球的生态环境。如果我们简单地将环境污染的一切罪过归结于城市，那么就忽略了以下这些基本的事实：

- 城市的兴起使得世界上 50% 的人口被聚集到仅占世界陆地面积 1% 的土地上。
- 据统计，在人口密度很高的紧凑型城市人均占有汽车的数量最低。
- 城市促进了思想文化的进步和科学技术的发展。

为了使人们接受城市向较高密度发展，应该尽量打消他们的疑虑并将高密度所带来的优势发挥到极致，这其中包括社会文化以及城市功能方面的优势。

社区委员会总是鼓吹：城市的高密度会带来汽车数量的增加和拥堵。然而，居民真正担心的其实是城市秩序的混乱以及社会地位的改变。

城市秩序问题的确是人们焦虑的主要问题所在：如果来自各地区各文化传统的人们汇集到一座城市，那么这座城市的文化特点又会是什么？人口密度增加与各文化的交融会不会使城市秩序变得混乱？难道这不是人口密度过高而引发灾难的原因吗，例如中世纪的大瘟疫和非洲中部的自然灾害？当然，在现代社会中，这些灾难有了新的表现形式：心血管疾病、癌症、内战和种族净化等。

另外，还有其他顾虑：随着人口密度的上升和城市化的不断深入，我们是否准备好了接受在水泥森林中的生活？要知道，地方上原有的文化特色正逐渐消失，并被千篇一律的水泥森林生活所取代。

通过对动物在不同种群密度中行为的观察，我们发现它们在一些特殊情况下与人类的反应有着惊人的相似：在高密度的生存环境中，动物容易产生紧张焦虑，其心脏和循环系统也会出现问题，对疾病的抵抗力普遍下降。爱德华·霍尔在他的著作里向我们讲述了乔治·卡胡恩（John Calhoun）于 1947—1958 年在美国马里兰州对老鼠的实验。他把老鼠放在不同的密度环境中，然后观察的老鼠的行为。

可以推断：这些对动物的实验为我们理解人类在不同密度环境下的行为提供了宝贵的基础性材料。概括来讲，卡胡恩的研究得出了以下结论：

- 在有限的空间内，种群密度过高本身并不带有病理症状，而是这种过密程度所带来的大量刺激性元素，导致了大范围焦虑的产生，并逐渐使种群功能衰退、内部组织瓦解、最终导致种群的崩溃。

　　● 有一个办法可以较好地抵御高密度带来的负面影响：给予动物在某些特殊情况下所需的独立的空间。换句话说，如果能在它们交配、怀胎、抚育幼仔时期给予属于它们个体的安全且私密的空间，那么就能够抵御高密度生存环境的负面影响。

　　这些研究结果使我联想到社会廉租房（HLM）① 的例证。对于居住在廉租房的居民来说，最大的困扰就是他们的生活缺乏隐私。由于房屋的隔音效果不好，一户家庭几乎所有的活动都能被邻居知晓。

　　老鼠主要通过嗅觉来感知周围的环境。通过嗅觉，它能感知到伙伴们的各种情绪，焦虑、愤怒、兴奋等。人类最发达的感觉器官是听觉和视觉，其主要艺术形式也是依托这两种感觉器官而发展起来的，比如绘画、音乐、诗歌、雕塑、建筑和舞蹈。而人们的交流方式也是依赖这些感觉器官而形成。因此对于降低高密度的负面影响，视觉隔离和听觉隔离显然是重点所在。爱德华·霍尔先生在他的著作里，向我们介绍了不同文化背景下的人们对环境的不同认识，而这种不同认识也间接影响了人际交往。比如一些沟通失败的情况，往往是人们没有意识到对某件事的感受彼此存在差异。这是些有意思的现象，但并不是我们的主题。

　　如何让人们接受城市向高密度发展并且使这种发展趋势有利于我们社区和城市的进步？首先，我认为良好的居住条件能够使高密度环境被接受。例如，隔音效果非常好的公寓，即使它的居住密度颇高，居民也容易接受。其次，应该尽力为居民之间的交流与互动创造条件，比如娱乐设施、文体活动和社交的场所等。增进人际交往会增加生活在这座城市的乐趣和安全感，这样也体现了高密度环境的优势。

———————————

　　① HLM：Habitation à loyer modéré 的缩写。

此外，在住宅的设计方面应努力使每个住宅凸显其特色，避免单一标准化的外形，提倡个性化设计和居住方式。这样能够使居民感到对生活环境可控，从而产生改善居住环境的意愿。我们不应使居民们仅仅成为环境的消费者，而是应该鼓励他们参与到城市环境问题中来并与他们一起寻找解决之道。这样，他们便会意识到：集体的利益并不等同于个人利益的集合。如果他们希望对一个地块进行改造，使它成为休闲娱乐区，那么他们应该对其进行研究和规划，并借助专业人士的帮助展开具体实施工作。这样做不仅能使改造工作更受认可，也会使他们体会到身为市民的责任，而在实施改造过程中他们也会获得一定的社会尊重。

从另一方面，当市民表现出对环境规划问题的兴趣时，不应给予否定或打击，例如，使他们无奈地游走于一个又一个的部门之间，不停地咨询和反映情况。而是应该派出一名专业的管理者，能够倾听他们的意见并在整个城市规划管理的大框架下与他们进行探讨，然后提出中肯的建议并组织实施能够实现的内容。

再者，应尽量减少因人口密度过高所带来的污染，比如噪音、大气污染、交通拥堵以及行人、自行车和汽车之间的摩擦；还有视觉污染，包括肮脏的道路、废弃的房屋、搁置的工地以及照明昏暗、过度广告、墙壁涂鸦等。这些都会令人感到城市管理处于无序状态，在无形中加剧了人们的不安全感。

以上是关于人口密度问题的一些思考。或许读者们并不感到新鲜，然而我的目的是为了突显它的重要性并使大家了解包含在这个问题中的几个关键内容。

2.6　个体的社会地位

自古以来，人类以族群为单位生存繁衍。族群内部有着组织结构，每个个体有特定的地位，而这种地位被族群的其他个体所认可和尊重。族群中个体与个体的关系十分紧密；对非族群的个体，大家一致表现出排斥情绪。

　　然而，如果把城市比作一个大族群，那么这个族群的社会结构则更加复杂。由于人口数量庞大，个体很难被整个族群熟知，因此除了城市首脑，大部分的居民都默默无闻。而这种匿名的生活状态给予了某些人成为叛逆分子、革新分子的最佳机会，同时它也促进了新的社会关系的产生。不难发现，在城市里总会接连不断地出现新的团体；这些团体不仅可以与其他组织机构加强互动，也可以不断壮大，成为整座城市、整个地区乃至国家的大型团体组织。而在这些新组成的社会关系网中，空间距离的因素逐渐变得次要。

　　具体来说，生活在城市的人首先拥有他自己的朋友圈，即经常交际来往的人群；其次是他所属的社区，那是他所生活的地域上的群体；然后是一些专业性的机构团体，比如工作机构、运动团体、某项兴趣俱乐部以及其他与个人的年龄层次、社会地位、政治立场相关的组织。

　　正是这些团体组织，给予了普通人拥有社会地位的可能。不可否认，拥有一定的社会地位是社会中每个个体的基本需求。我的国家比利时在这方面做出了表率：在这个国家中，任意五个人中就会有至少一个人是某团体或组织的主席、副主席、财务主管或执行长官；这些团体组织可以是非营利机构，例如慈善组织或兴趣爱好团体（飞机模型爱好者俱乐部、邮票收藏团体、网球俱乐部等）。这些形式多样的团体使个人的价值在社会中获得了认可，使个人的地位得到了尊重，而社会结构也因此增添了一道独特的风景线。

　　如果一个人的社会地位是通过某些特殊的行为和标志体现出来，比如服装、首饰、汽车及艺术品位，那么他居住的住宅和社区也同样具有代表性。由此，我们发现了城市规划与个人的社会地位之间的关系问题。不可否认，真正的社会地位是一个人所拥有的权力和对他人的影响力，而不是拥有几辆汽车。然而在大城市里，由于大部分人生活在默默无闻中，那些对权力地位垂涎欲滴而又无法真正获得的人开始从生活的各个方面效仿权贵。

　　这种效仿首先体现在住宅形式上。根据地域特点、个人经济能力和社会地位，城市出现了各种类型的住宅。一般而言，真正拥有权力地位的人都住在城堡里。因此，效仿者们也会购买大面积地块、搭建形态类似的高级别墅。这便是在比利时，为什么我们能看到不少这样的房屋：它的造型类似城堡，四周也围上了铁栅栏。显然，这些房屋的主人希望透过住宅来显示他们的社会地位。

有时，真正的权贵会认为别墅的居住环境并不舒适，冬天供暖的费用昂贵，而且远离城市中心，缺少足够丰富的文化活动和教育资源。因此，他们中的一部分人会选择搬出别墅，住进市中心的高级公寓。而对于效仿者来说，居住在公寓也就不再是有失身份；况且，把能代表身份的物品搬进公寓（比如水晶吊灯、机械钟和古董……），这样做其实是在无声地告诉我们：这家主人绝不普通。

随着经济发展重心逐步向第三产业转移以及人们教育水平的不断提高，拥有社会地位的人正逐渐增多。对于这些人而言，现代城市能够提供许多生活便利和优势，因此成为他们首选的居住地。在住宅形式方面，他们倾向于选择品质高并且设施全的公寓（具备良好的隔音效果及视觉私密性，配备电梯、储藏室、私人车库、传达室……）或者临街的高级独栋别墅。因此我们时常会看到一些别墅在翻新。

当效仿权贵成为一种时尚，潜在的社会压力和从众心理会使单一的城市规划案例成为大众认可并追捧的普遍现象。例如，十年前在比利时的一座小城市里所有房屋都以灰泥作为外墙，可自从来了一位美国的居民，这种情况就发生了改变；他去掉灰泥而采用了石砖外墙，短短几年时间，该地的居民纷纷效仿；现在，这座城市成为了因石砖外墙而闻名的城市。再比如，有权贵居住的地方往往会吸引其他地位相当的人来居住；当这些人聚集起来，他们居住的社区或街道就会成为黄金地段，其房地产价格的增长更是超乎想象。

当我们在对社会地位与城市化发展的关系问题进行逐步深入的探讨时，会发现有一个无法绕过的话题，那便是资本。资本，它既是交流的工具也是支配掌控的手段。城市化发展可以比作行政权力与资本投机的游戏。城市规划者在这个游戏里充当着重要角色，他负责土地规划及功能分区、从整体上安排各个区域的功能、各类人群的角色，并打造高质量的公共空间，以提升城市的商业、文化及社会活动的品质。因此从经济角度看，他的工作从根本上创造了地段优势、带来了丰硕的价值回报。如果希望进一步研究权力与资本在一座城市发展中的关系与作用，我建议从社会学以及城市经济学的角度着手。在这里推荐一本书：让·贺敏（Jean Remy）所著的《城市经济学现象》（*La ville phénomène économique*）。

2.7　社会地位与暴力冲突

并非所有渴望地位的人都具备足够的条件去效仿权贵。有些人甚至在争取权力地位的道路上受挫，从而产生不满并制造了不安定因素。生活中不乏这样的例子。比如一位白领在办公室里受到领导的不公对待，他心中怒气难耐，就把愤怒发泄在家人、宠物、汽车或者自己身上；反之，一位办公室领导在家里极有可能缺乏足够的话语权，出于报复心理将这种不满情绪施加到下属身上。

当一个青年在社会各层面均得不到认可的时候，通常会把自己隐藏在一些特殊群体里。这些群体衡量一个人是依据他的力量和胆量。比如，拼酒帮、涂鸦团、摩托车改装俱乐部、破坏公共设施组织等。虽然他们对城市造成的伤害不算严重，对他人构成的威胁也不大，但是他们的行为却加剧了整个城市的不安全感。市民内心的声音是：倘若这群人能够在公共场所大面积地绘制涂鸦并且逃离警察的视线，那么他们完全有能力去完成抢劫、斗殴等更恶劣事件，然后逃之夭夭。

为了解决这样的社会问题，我们不应更严厉地对待这些青年，而是要想方设法使他们融入健康的社会团体，比如，职业团体、运动俱乐部、城市大型活动组织会、青年之家等。我们应倾尽所能为他们提供实现个人发展、建立社会地位的机会。而城市规划管理者在这方面应给予更多的关注和努力。

在有关动物行为学的著作《攻击性行为》（*L'Agression*）一书中，洛伦兹先生（Konrad Lorenz）向我们描述了动物特有的攻击性行为方式。这些带有攻击性的行为使动物们无需打斗就在敌人面前宣示了自己的地位。而这个现象引发了城市规划者的思考：如何营造一个良好的公共环境，使人们在这里无需争吵就可以自由协商个人的职务和地位？什么样的公共空间能最大限度地促进人际交往，使人们可以自由发起或参加各种体育和文化活动？构建这样的公共空间不仅有利于培养市民积极健康的心态，更有利于营造良好的社会氛围。对于让·贺敏来说，公共空间的构建是一个至关重要的议题，因为公共空间是社会舆论最终形成和表达的地方。只有在人际交流不断深入、个人意志相互碰撞的基础上才能形成社会的普遍共识。

因此，社会廉租房（HLM）的失败经验告诉我们，所谓公共空间不应该是楼房之间被绿化带装点的剩余地带，而应该是人与人之间真正实现交流与互动的空间。因此，无论是公共空间的设计还是环境整治，都应围绕它的这一功能而展开。在城市的规划当中，公共空间的结构始终是首要问题，其次才是建筑设计。

2.8 环境与行为

地球上所有的生物都需要一个适于生存的环境，人类也不例外。在所有生物中，人类是对其生存环境改造能力最强的。我们甚至可以断言：人类及其环境组成了地球上独一无二的交互式生态系统。生态学即是研究生物体与其周围环境相互关系的学科。

那么，我们人类的生态系统由哪些部分组成呢？主要由这两大部分组成：物理环境和生物环境。物理环境包括森林、植被、公路、桥梁、建筑物在内的所有城市景观和乡村景观。而生物环境是指人类与其周围的生物体之间的关系，这又可以分为两大类：

（1）与动物的关系：对于城市居民来说，这一点往往被忽略。除了自家的宠物，人们常常以为没有其他动物出没。其实情况并不尽然。鸟儿在屋顶穿梭、乌鸦划过天际、猫咪懒洋洋地躺在汽车上、狗儿穿过街道，还有老鼠和黄鼠狼出没在垃圾场……这都说明，动物们其实就生活在我们周围。

（2）与他人的关系：包括夫妻、亲戚、邻里、同学、同事、生意伙伴，还有一同参与会议、一同观看电影或者旅行的伙伴等。

该生态系统的所有组成要素都在潜移默化地塑造着生活在其中的我们。而生活环境又影响着我们的行为方式。举例来说，如果一个人的大部分时间是在城市环境中度过，那么他的生活方式、行为习惯就会打上城市烙印：出行，他会选择公交地铁和有轨电车；日用品，他会去超市购买；获取食物，他会去市场购买而非自己种植；孩子上学有校车接送，而他绝不允许小孩晚上九点以后在外玩耍。

反之，人类也是构造其生存环境的重要元素。在城市里，每个人都是环境的组成部分，市民们共同塑造了城市形象。由此，我们可以推断：如同教育和权力组织，城市也是人类创造文明的手段。但同时，城市也是一面镜子，它从侧面反映出不同的社会文化。比如，丹麦的一座城市与墨西哥的一座城市、比利时埃诺区①的城市与弗拉芒区②的城市、渔民村落与山区村落，它们不仅在生活方式上存在巨大的差异，而且文化氛围也截然不同。

今天，在城市化进程中我们所面临的核心问题是，如何才能更好地理解城市居民的基本需求？如何才能使市民与城市环境更和谐地共同发展？居民与环境的关系是密不可分的，倘若想知道究竟哪一方应主动适应另外一方，这恐怕比"先生（有）鸡还是先生（有）蛋"的问题更难回答。

每个人身上都有来自本性和所属文化的原始烙印。这些烙印刻在我们潜意识的最深处，影响着我们对世界的认知。倘若能认清这一点，那么人类带有文化特征的行为就可以透过相关背景知识而被理解。

在这方面，还有许多社会文化研究工作需要做。这些研究对于城市的规划工作来说有着重要意义。今天很多城市的规划都是在

① Hainaut 地区，属于比利时法语旧工业区，现已落没。
② Flamand 地区，属于比利时荷兰语区，现为经济发达区。

"文化缺失"的情况下完成的。规划师首要考虑的问题并不是居民的文化背景以及他们与环境的关系,而是怎样提高经济效益与土地收益率。事实证明,这样的城市环境带来了更为复杂尖锐的社会矛盾,包括利益群体的争执、邻里之间的矛盾以及随之而来的安全隐患。正是由于这些问题在城市集中爆发,才使人们产生了对城市的厌恶而争相逃离它。

尽管如此,城市规划者却没有时间等待相关人类学、动物行为学、社会心理学研究完成后再展开工作。在实际工作中,规划师几乎需要每天面对新的问题并做出决定。因此,比较务实的做法是提出符合城市发展目标并具有弹性的解决方案,这样就给以后的修正完善留出了余地。在规划师的方案里,有两个要素非常重要,它们从很大程度上影响了市民在城市环境中的行为,而且体现着市民的社会文化背景。第一个要素是城市的容量以及公共设施和建筑物的规模;第二个要素是城市环境各组成部分的质量。

对于第一个要素,城市规模与其常住人口的适当比例,我们还无法给出相关数据。因为针对不同群体,我们对有关其生活空间信息的了解还不够充分。一方面,相关研究应继续进行;另一方面,一条基本原则不应被忽视,那就是:城市规模应能促进社会交际和市民之间的沟通。如此看来,那些严重依赖汽车的城市是显然不符合这个条件的。因为,汽车从某种程度上隔离了人与人之间的联系,甚至还会引发挑衅和暴力情绪。依据步行生活尺度而设计的城市才是真正人性化的城市。在步行城市里,人们可以随时随地相遇,在街道在广场驻足交谈,城市景观在步行者的视野里更替,其变换频率与步行速率恰到好处地融合在一起,建筑物没有过于庞大的体积⋯⋯城市表现出整体的和谐统一。

当前,许多城市规划者都表现出对世界人口向大型城市高度集中的忧虑。如何使人们在这些缺乏人性化设计的城市环境里愉快生活,成为了当前城市规划者的最大命题。也许,我们应该把土地分割成一个个岛屿大小的地块,再根据人口密度和功能分工进行开发。今天的一些国际大都市已经开始向多中心空间发展:城市内形成了多个中心、围绕各中心形成了不同的生活区，各中心有明确分工。这些内容详细讨论起来恐怕又是一本书了！

当我们回顾半个多世纪以来的城市化发展，才会深刻意识到1933年国际建筑师协会颁布的《雅典宪章》是如何深入影响了"二战"以后的城市化进程并引发了一系列问题。《雅典宪章》是现代主义城市规划的代表，它倡导对城市进行机械的功能分区并严格依据统计数据、量化指标来实施规划。然而，这种规划理念尽管被大范围地运用在"二战"后的新城市建设及旧城改造中，它却忽视了对社会文化及人性需求的考量。可见当前城市的许多问题甚至城市病的产生都与这种规划理念有着密切的关系。作为城市规划师，我们不禁要问：难道那些无法具体量化的要素就真的无足轻重吗？

城市环境质量就是这样一个无法用具体数字去衡量的要素。那些历史悠久的街区、教堂和建筑，对整体环境质量的影响怎样量化？许多年代久远的街区，尽管依据古时的规模而建，但至今仍然对地区环境的结构和功能发挥着重要作用。它既能满足现代生活的需要，又能持续彰显古老文化的魅力；既能保证每个组成部分的品质，又能维护整体的和谐统一；这恐怕就是它们经久不衰的秘密。

例如水城威尼斯。这座城市能够在历经百年的变迁中始终保持自己的风格，在不断的建设与改造中坚守最初对城市整体及内部建筑物规模控制的要求。尽管在规划设计方面十分严谨，但是"艺术的灵感"却闪耀威尼斯的每个角落：无论是它的全城照明系统，还是街边店铺的招牌广告，无不体现着设计者的匠心；古老的门铃和信箱不仅被保留下来，还得到了广泛普及；楼房每隔一段时期会用上好的材料进行翻新，但是建筑风格保持不变；此外，城市的每处地名一直沿用天主教历史的传统名称，它就像这座城市的名片经久不衰。在威尼斯，你找不出任何一处不和谐的音符，整座城市就是一个和谐的统一体。

类似的例子还有西班牙古城——萨拉曼卡（Salamanca）。该城于1988年入选联合国教科文组织世界文化遗产。以马尔约广场为中心的历史街区，凭借古老的历史文化遗产和高品质的居住环境，成为了这个区域乃至西班牙国家房地产价值最高的地方。尽管这里也存在中心城区的缺点（噪音、出行难等），但是地位的尊贵早已使人将缺点忘却。

还有法国比利牛斯大区的村镇、威尼斯的彩色岛布拉诺（Bruano）、达喀尔市（Dakar）的戈雷岛（Gorée）等地，也因为相似的原因成为了人们理想的居住地。在比利时的法语瓦隆地区，也有许多结构精巧、环境舒适并且具有亲和力的城市，例如蒙斯（Mons），那幕尔（Namur），法梅恩（Marche-en-Famenne）等城市，它们的中心城区规模不大但生活设施一应俱全，再加上建筑物体量适中、配套服务品质高、翻新改造十分细致，使得这里的生活环境质量得到了社会公认。另外，其内在的人文环境，包括居民素质及文化教育资源，也令人感到安心、亲切和舒适。由此，这些城市吸引了源源不断的新居民和新投资人。

由此可见，生活环境的人性化设计和亲和力始终是人们选择生活地点的重要依据。

在这一小节的结尾，我不可避免地再回到经济这个话题。对一般投资者而言，一座城市的吸引力就主要体现在城市经济的稳定性和房地产价值的成长空间。如果房地产市场持续良好的发展态势、城市规划管理有条不紊，那么房产投资人特别是家庭型私人投资者就会更倾向于选择这里。也因此，我们的城市（新鲁汶）吸引了大批青年从业者，而其他城市却遭遇不同程度的危机。青年从业者能够推动区域经济的发展，区域经济的活力又能够带动城市配套服务业的发展，包括餐饮、酒店、影院、商铺、学校、博物馆及展览馆等。

这种对城市的人本主义思考，从侧面提醒着人们：个人本身即是历史的一部分，是物质文化遗产的一部分，更是人类文明的组成部分。今天科技的迅猛发展已经远远超过了人类在精神层面的进步，如何在城市环境中找回自我、重新认识自我，这对于整体社会生活而言无疑意义重大。

读到这里，希望读者们不会认为我对现代城市化发展持悲观态度。的确，当前的发展已经出现了上述种种问题，但其中也不乏将人性化设计巧妙融入现代建筑与公共空间的经典案例。我想，新鲁汶大学城就是其中的典范。

2.9 亲近自然

在艾瑞·朗宾（Eric Lambin）先生的著作《生态幸福观》（Ecologie du Bonheur，P. 20）中曾提到"亲近自然是一种人类最根本的需求，它是幸福生活的重要元素"。书中，他将幸福生活的组成元素归为五大类：

（1）个体状态：健康，工作，娱乐，情感，出行能力；

（2）居住环境的安全感；

（3）社会关系：隶属于某个群体，与他人之间信任和互助的关系；

（4）制度环境：被赋予充分的自由，参与公共事务，社会司法公正；

（5）自然环境：受污染和噪音的侵害程度小，与大自然亲密接触。

当然这个分类只适用于一般情况，具体案例要显得复杂许多。有时甚至会发现，各种有关生活幸福感的需求是彼此矛盾的。比如，许多人都梦想拥有大型独栋别墅以及便利的生活配套服务；可是，这样的住宅一般只会出现在郊区，远离公共设施。于是，规划师们开始着手研究如何把这些有关幸福感的需求整合起来，融入到一个城市的内容中。那么，城市环境究竟是如何给予人幸福感的呢？

首先是它的社会文化因素。正如前文所述：城市提供了种类更为丰富的工作机会、更便利的交通方式，文化生活在这里更具活力和创造性，还有高质量的体育和医疗机构、多元的社会结构和年龄层次共同搭建了城市的文化氛围。当然还有市民共同参与城市管理的机制（以新鲁汶大学城为例），这使得城市的规划管理工作得以在各领域从业人员的合作下有序进行。

其次是自然环境因素。它所包含的内容很广，从听到的声音到看到的绿色植被。首先，声音的影响就包含心理层面和物理层面的因素相互作用。举例说明：

首先，人们对不同声音感受有所不同。一些声音被认为是噪音，而另一些则被认为是幸福感的一部分。因此，在城市公园，规划者用流水瀑布的声音掩盖了道路的噪音。

其次是噪音的显现。对于噪音，每个人的感受各不相同，但普遍来讲有以下几个共同点：在安静的环境下，十分微弱的声音也能干扰人，而在嘈杂声中，微弱的噪音根本无法显现。就我个人而言，在酒吧的嘈杂声中，完全能够集中注意力来阅读和写作；然而，在安静的办公室里假如有两个人在悄悄讲话，我便无法再集中注意力。相对于不知道源头的噪音，知道源头的噪音更能干扰人；相对于断断续续的噪音，连续的声音更能干扰人。因此，让我居住在300米远的铁路边比居住在1 000米远的高速路旁受的噪音干扰更少。

最后是噪音的种类。包括道路的噪音、跳舞的噪音、节日活动的噪音等。仅仅知道它们的分贝数很难真正了解它们对幸福感的影响。有时，某些声音成为了一种习惯就不再是噪音：比如，教堂的钟声曾伴随我的成长，每天从6点起每隔半小时钟声就响起一次。我从不认为它是噪音，而且后来每天早上院子里的鸡打鸣也不会干扰我。然而，被认为是噪音的声音一旦出现，并且持续不断，就会带给人心理压力和疲惫感，进而引起行为的反常和身体上的不适。

再让我们来看看绿色植被。在现代城市，市民并没有机会接触到原始的大自然，取而代之的是绿色植被，即"绿化带"。在城市发展的历史中，这种现如今被称作"绿化带"的城市自然环境也经历了许多变迁。

公元476年，罗马帝国在欧洲正式瓦解，它标志着欧洲中世纪的开始。从此，欧洲陷入了前所未有的混乱和被入侵的黑暗时期。因此，这个时期修建的城市都是以防御外敌入侵为目的：规模精简，设计紧凑，而植被和农作物种植在城墙以外。许多人在城外的田间劳作，还有一部分人忙着出城做生意或打仗，这使他们与城墙之外的大自然保持着密切的联系。

直到公元 17 世纪封建社会解体和资产阶级革命的兴起，欧洲进入了经济高速发展的平稳时期。城市在这一时期逐步开放、规模逐渐向外扩张。可供观赏的花园开始出现在市内，精致的小花园开始装扮人们的住宅。从这一时期起，市民不再出城欣赏自然风景，他们逐渐对"花园"这一装饰性的自然景观产生了美好的情感。

然而伴随着工业的快速发展，19 世纪的许多国家出现了工业化城市。这些城市的规划与工业生产和短期经济利益紧密相关，这使市民的正常生活需求被规划者遗忘。这里几乎没有自然环境，人们的居住地紧邻工厂，除了在家就是在工厂。恶劣的生活环境最终引起居民的不满和当局的注意，一些政治团体提出重新构建生活环境与大自然的联系。于是，花园城市和花园洋房（La Petite Propriété Terrienne）① 就在这样的历史背景下诞生了。

然而，20 世纪初的《雅典宪章》颠覆了自然环境在"花园"那个时代的审美和情感意义，而赋予它在城市规划中的功能性内涵；"花园"这个名称随之被"绿化带"取代。

到 20 世纪 60 年代以后，人们开始重新探讨城市的功能以及它所应具备的环境质量。工业化下的城市病、美国城市的大规模扩张以及基于资源消耗的发展模式时刻提醒着人们：欧洲城市的发展必须以追求生活质量的平衡为目标。这种平衡不仅存在于工业化程度的多少与自然环境之间，也存在于经济与文化、出行方式（步行与车行）、年龄结构（青年与老年）、居民结构（原住民与新移民）之间……在这样的城市发展背景下，"绿化带"找到了新的功

---

① 19 世纪在比利时，带小花园的两层房屋被称作 La Petite Propriété Terrienne（花园洋房）。

能与内涵，不再仅仅被看做是剩余地块上的绿色植被。

绿化带的基本功能已经被我们熟知：吸收二氧化碳，调节城市气温，过滤空气中的粉尘和颗粒，抵挡风力……然而，对于生活在现代大都市的居民而言，它还有另一层含义：通常，有茂密植被装点的地方都是环境品质较高的地段，无论是它装点的公共服务区、林荫大道，还是大型公园或者小区花园，甚至是蜿蜒小路，被植被覆盖标志着这里城市景观的优越性。绿色植被被大量应用于城市景观构建和空间品质的提升上：它既可以用来打造私密空间，又可以用作区域的隔离带；在城市中漫步，绿色植被会牵引你的视线。绿色植被与钢筋混凝土共同构建了城市外形的平衡：本来分散的建筑群在绿色植被的装点下融合成了协调统一的整体，而在植被映衬下的单个建筑也更显精致。无论有着怎样的设计意图，设计师们都应注意绿色植被与建筑材料的搭配以及整体环境的和谐统一。

2.10 城市景观

通常，"景观"一词用来表示某地区或某种类型的自然风景或人工创造的景色。它包括城市景观、农村景观、公路景观、农业景观、旅游景观（颇具经济价值）、森林景观等。这一小节的目的并不是描述这些景观，而是就"城市景观"做出简要分析。

许多学者已经就景观质量的评估方法做出系统的论述，在此不再赘言。我仅就城市景观的功能及益处展开分析。希望通过这一小节读者们能够了解：作为城市这个大家庭中的一员，其实我们每一个人（尤其是城市规划者），都应该考虑到自己的行为和决策对城市景观的影响。我们每个人都应对城市景观的明天负责！

首先，如果一个地区有其特色的自然地貌景观，而建于此地的城市又能依据该地的自然地貌发展，通常就能产生出具有自己特色的结构。这便是为什么地处河流附近的城市都依流域的走势而布局。从城市功能角度看，这为市民的日常生活提供了便利。

其次，城市景观的设计应依据它的使用者——即市民——的感受而定。空间的布置，包括建筑物的规模、桥梁通道的比例，都应充分考虑市民在行进过程中的速度和距离。因此，针对车行者和步行者，景观的布置应采取不同的方式。对城市景观的有效规划管理能带给当地居民安全感；反之，缺乏管理的公共空间，容易让人产生被忽视、被抛弃之感，从而变得焦虑。比如，当我们看到公共场所的大面积涂鸦，一定会认为此处不受重视、缺乏管理。

再者，相比较一系列造型新颖但整体不和谐的建筑群，一个整体和谐统一的城市环境更能使居民感到安心和愉悦。一方面，居民们会因此感到自己的生活环境受到管理部门的重视，另一方面，身处在这样一个和谐统一的环境中，居民们更会对它产生亲近感，更愿意融入城市的大家庭。

另外，对于城市规划者，相比较改造已成型的景观（即使它的品质低劣并且与周围环境格格不入），在闲置的空间打造一个全新的景观要显得容易许多。因为成型的景观往往已经被周围的环境和它的使用者接受和熟悉，若想改造它，一定会听到不少反对的声音，而且改造的实施过程也会较为复杂。目前，大量快速建成的工业区开发区都存在忽视景观规划的问题。相关部门在问题出现以后开始研究如何改造现存景观。然而，我坚持认为景观的规划管理应该在建设之前考虑而不是之后。

市郊的住宅区往往宣传自己"视野开阔无遮挡"。然而被这些住宅区毁坏的自然景色却没能被新的景观弥补。无论是在道路设计、建筑布局，还是依地形构建的结构上都缺少高品质公共空间和景观的打造。

类似的现象还出现在许多工业园区。如果管理部门没有就该园区的建设制定一整套方案尤其是园区景观的设计和管理，那么在该园区就会出现缺乏整体规划，忽视环境美观、舒适度以及商业广告充斥等问题。

此外，我们还发现运动中心通常是以各运动场叠加的方式而组成。极少有设计师会利用这个组合各运动场所的机会去打造一个独特景观。在景观设计方面比较用心的是购物中心和大学校园的建设者。前者需要通过景观来创造吸引力：包括回廊、橱窗、通道、广告牌、建筑物的造型等。后者主要是受到大西洋另一端的启发：坐落于山丘上的校园环境优美、设施舒适，在此学习生活的人们更容易沉静下来思考问题。

所有熟悉地产行业的人都明白：高品质景观能够为地段带来额外的经济收入。那些坐拥广场、公园、绿地、湖泊等景观的地段，它们一定是城市里价值最高又最受欢迎的！注意打造品牌形象的企业会对这样的地段十分青睐。它们往往不惜重金，把自己的公司总部设在此；或邀请知名建筑师将自己的大楼打造成一道独特的景观。在比利时的布鲁塞尔，地产价值最高的路易大街（Avenue de Louise）和戴夫让大街（Avenue de Tervueren）就是因景观而造就的黄金地段：高大的绿树将街道环绕，精美的建筑物整齐地坐落于街道两旁，再加上整体布局的精致统一，使它们最终获得了持久的繁华与名誉。国际机构和大型企业对这两个街区趋之若鹜。倘若没能将公司建立在城市景观附近，那么多数企业会自发地在办公区内部创造微缩景观。这些微缩景观也从侧面展现了企业的品牌形象。

为了使本章有关景观功能的论述趋于完善，还有一个观点需要补充：城市景观尤其是绿色景观，对公众健康起着重要的作用。许多人支持这个观点：他们相信，绿色景观绝不仅是地产销售的卖点，而更重要的是一种公众健康政策的手段。不可否认，绿化带景观的植物种类越丰富，它带给市民生理和心理上的益处也越多。

至此，读者们应该对景观在城市发展中的重要性有了一定的理解。我相信，对景观的规划管理工作应始于城市规划之初、贯穿于建设发展的每个阶段，并联同各部门、各领域的城市规划参与者一起研究、实施和完善。倘如不提前规划并贯穿整个城市建设阶段，那么后来开发的景观极可能与周围的环境不协调、与使用者的需求不符而引发不必要的冲突和矛盾。

2.11　环境伦理观的构建

现代社会，人类开始重视与环境之间的关系。为了更好地融入生存环境并与之和谐共生，人们加强了与不同物种、不同群体之间的联系，人们开始意识到忽略环境而谋取私利最终会走向灭亡。

在这里，"和谐共生"一词不仅表达了一种美好期望，它更体现出人类与环境之间相互依存的关系。无数经验表明，以牺牲环境资源为代价的发展模式是不可持续的。在面对人类与环境的关系问题时，人类需要团结一致，"和谐共生"是唯一的选择：人类同是地球这架飞船的乘客，而环境资源是有限的，因此需要我们管理得当。这也许听起来并不新鲜，但这的确是我们必须面对的现实。

在我看来，为协调人类与环境的关系，建立一套约束自身行为的新秩序（即环境伦理观）是十分必要的。这套环境伦理观应建立在以下两个原则之上：一、对环境的开发利用应注重资源的合理配置和公平分配；二、经济发展成功与否的前提是判断它是否对环境起到了保护和提升的作用。在具体工作中，这两条原则应相互结合。

具体而言，资源的合理配置要求我们在进行土地规划和建设的时候充分考虑相关使用者和居住者个人的意愿、生活情况及习惯。而对于公平原则，目前的资源分配方式应该更倾向于弱势群体。尤其是土地资源及其开发所产生的经济利益，应该使所有人都能够分享，而不是仅限于投资者。但是，"公平分配"并不意味着绝对的平均分配，更不是要把富人的钱分给穷人。在我们法语区有一句俗语："给人苹果不如教人栽培果树。"① 可见，资源分配应兼顾公平和效率。合理的做法是，地产投资机构从利润里面抽取一部分作为弱势群体的专项扶持资金。此外，为追求短期经济效益不惜以牺牲环境和生活质量为代价的做法应坚决禁止并给予惩罚。

---

① 相当于中文里的"授人以鱼不如授人以渔"。

再者，我们在发展经济的同时必须考虑环境保护和提升的问题。不仅充分估计发展道路上所面临的环境问题，而且将发展成功与否的前提确定为它是否对生存环境起到了保护或提升的作用。保护环境，我们共同的自然资源，这需要全社会的努力。因此，建立一套全社会所认可的"环境伦理观"显得十分必要。克里斯蒂昂·德夫（Christian de Duve）在《原罪的基因》（Genetics of Original Sin）一书中曾提到："对关乎人类未来命运的问题，所有决策者尤其是宗教界领导者，都应肩负起责任。"但对于我们的欧洲社会，宗教的信仰正在淡化，一个新型的公民社会正逐步成型。由此，一种适合于公民社会的环境伦理观亟待形成。该伦理观应随着社会的进步而不断完善，直至整个社会自发地声讨和惩罚那些破坏环境、浪费资源的行为。

2.12 世界城镇化进程

联合国人口活动基金会①的专家们表示：目前生活在城市的人口已达到世界总人口的一半，但是城镇化发展也面临前所未有的环境压力。世界的城镇化脚步已不可逆转。对于普通民众来说，城市孕育着许多新希望：城市的政治商业中心是当地经济发展的原动力；未来城镇化发展最快的地方将是中小型城镇，尤其是相邻的城市构成多中心城市网络将会是未来发展的主要趋势。但这需要不同层级管理部门的通力合作。

人类历史上，最深刻的社会变革都发生在城市。在那里，人们找到了固定居所，产生了自由民主的思想，创造了工业革命，并不断推出新的科学技术和艺术形式。相比较乡村生活，城市生活对社会进步和文化繁荣的作用无可比拟。然而，明天的城镇化步伐更加迅速，人们是否能够在城市环境中找回从前乡村和城镇生活的亲切感，是一个值得关注的问题。

---

① United Nations Fund for Population Activities，缩写为 UNFPA.

今天我们已经意识到，自由主义经济打破了土地开发与经济发展之间的平衡，已造成不可挽回的损失。当前迫切需要我们重新审视各政府部门、机构和企业的职能，重新组织他们在土地规划和开发各环节中的位置和作用，并根据城市发展的现实情况和趋势做出相应调整。有效的土地规划开发能为城市发展提供强有力的支撑，引导土地资源在城镇化进程中优化配置、提高效率、解决城市的用地需求。因此，土地规划和开发是城镇化进程的基础，它是连接区域经济和城市品质生活的重要环节。

3. 本土化行动

3.1 大学城的未来

让我们将目光重新投向新鲁汶大学城。在这部分内容里，我并不会阐述具体行动建议，而是立足于当前，提出大学城即将面临或正在面临的问题和挑战。新鲁汶市发展至今，城市规划管理这个舞台上已出现了各种新兴力量，城市的管理者必须面对比以往更加复杂的局面。如何才能使各方力量驶向同一个目标，如何才能实现城市的均衡发展，这是当下的首要问题。

前文中提到，新鲁汶大学城是在经济发展服务于公共利益、服务于建设高品质生活环境的理念下诞生并发展起来。自1970年以来，新鲁汶大学成功地将它的社会责任以及人文精神融入了这座新创立的城市。作为这片土地的所有者，大学又将如何履行对未来社会发展新的历史使命呢？

今天，城市规划师应意识到将设计理念与环境保护政策相结合的必要性和紧迫性。他们应该主动倾听有关专家们对人与环境之间关系的研究结果，并积极寻找人与环境和谐共生的途径。这样的努力方向能够为新鲁汶的发展规避两种误区：

（1）用短期机会主义的观点来决定大学城的发展；

（2）用吸引眼球的新式建筑来取代新鲁汶既已形成的本土化建筑风格。

要知道，新鲁汶虽然是一座年轻的中小城市，却集合了现代大都市所没有的特点：

（1）一座容纳了五百多年历史的国际性大学。大学始终以开放的心态接纳来自世界各个角落的思想文化并不断创新与时俱进。

（2）建成了紧凑型高质量的城市环境，社会交际在这里空前繁荣：不同领域、不同专业、不同年龄层次、社会地位、国籍和文化背景的人都能够在这座城市里相遇，优质的公共空间为人际交流提供了便利。

（3）城市人口年龄结构趋于平衡。

（4）形成了"崇尚知识，多元开放"的文化氛围，本地居民与在此工作学习的人们共同分享这种文化氛围带来的益处。

这些集中在它身上的特点令其找回了欧洲古老城市特有的亲和力，并与周边其他城市形成了互动共赢的关系。

现代城市发展总是过于注重打造功能分区（文化区、商业区、教学区、行政区被分隔在不同的空间）和宏伟的建筑。这些行动不仅破坏了城市的整体性，而且分割了人们聚集的空间，降低了社会交际的频率和机会。然而在未来，城市经济的发展将更加依赖于紧密的社会交往。

欧洲的古老城市，其结构与现代都市不同，它们大多数采用源自古罗马时期的、以大型露天广场为中心的城市结构。现存的古城罗马、利比亚首都的黎波里①、古城昔兰尼加②都是典型的例子。在大广场的四周竖立着城市最重要的机构：政府、法院、教堂、剧场、公共市场及标志性建筑物。大广场不但是城市的行政中心、文化中心，也是经济发展和人文交流的核心区。

在我看来，新鲁汶大学城成功的原因之一就是继承和发展了欧洲古城的设计机构。古城的大广场被高品质多功能并具亲和力的"中心城区"所取代：中心城区通过吸引大量的人群不仅能够集中展现这座城市的活力和创造力，还能防止人流向郊区的蔓延，从而

---

① Tripoli，北非国家利比亚首都。
② Cyrenaique，位于利比亚东部。

避免城市扩张对环境的破坏。巴塞罗那的兰布拉大道①，艾克斯-普罗旺斯的米拉波大街②，纽约的时代广场③以及伦敦的多克兰街区④，这些都是城市的中心。民众把它们当做集会和交流的场所，社会舆论也在此形成。中心城区之所以重要，是因为它汇集了一座城市最重要的资源——人。

城市给人们提供了互相交流学习的机会，并借此提升了信息和知识在城市发展中的作用。尤其在各类资源相对丰富的城市，这一点尤为明显。比如，在新鲁汶这座年轻多元的现代化城市中，高等教育被放到了关键的位置；城市中所有人都被崇尚知识的氛围感染，无论学历高低，无论是在街头或是巷角，人们随时都能近距离地接触某一领域的学者专家。经济学家们不得不承认，城市才是经济繁荣的驱动力。此外，如果脱离经济发展，我们便很难理解当前大规模的城镇化运动。

今天，我们面临的主要问题不再是如何加快城镇化，而是如何有效地管理城镇化的高速发展。城镇化发展至今，已迎来了前所未有的快速发展时期：人口、车辆、楼房、基础设施以及污染物都在以惊人的速度增长。如何管理，是摆在我们面前的一道难题。目前采取的一些措施产生了负面效果，例如在市郊修建大规模住宅区。由于缺乏配套设施，市郊住宅区的品质往往得不到保证，教育资源和医疗服务也严重匮乏。我们都向往城市的均衡发展，这种均衡一方面来自对环境质量的重视和保护，另一方面来自对社会经济发展需求的满足。这便是可持续发展的真正内涵。

作为一名普通市民，我们常常发现自己的意愿与行动背道而驰。一边是保护环境、爱护地球家园的强烈愿望；另一边则是工作旅行、抚养后代等实际生活中对环境资源的需求与消耗。

---

① Les Ramblas, Barcelone.
② Aix-en-Provence, Mirabeau.
③ Time Square, New York.
④ Docklands, London.

作为一名城市规划者，我对现行政策的执行机制心存顾虑。每当新的政策出台，相关团队便立即着手寻找政策的漏洞；当他们成功绕过管辖，行政部门又开始修改完善有关政策。这是一个冗长的耗费大量时间精力的恶性循环。我认为，问题的关键应该是如何找到环境保护与经济发展两者间的平衡。相比这种互相制约—反制约的方式，我认为让二者确立共同的发展目标才是解决问题的途径。这并不是不可企及的理想，当我亲身经历了新鲁汶这些年的发展、亲眼看到了它今天的成功时，我的内心对城镇化发展的未来燃起希望。

3.2 可持续性城市发展

离开工作岗位后，我接受了法国城镇化发展研究院（Institut français d'urbanisme）院长艾兰·布尔丹（Alain Bourdin）的邀请，就新鲁汶大学城如何成为可持续发展城市的范例做了一次演讲①。在准备这次演讲的过程中，我发现当初为建设这座新城所制定的规划纲要、政策条例、职能机构和措施，它们所起的作用都集中到一个统一的目标上：实现城市的可持续发展②。时至今日，这些顶层

---

① "可持续发展"的概念最早由挪威总理布兰特伦（Bruntland）于1987年在《我们共同的未来》这一报告中提出。当时他任世界环境与发展委员会主席，将可持续发展定义为"人类既能满足当前需求又不影响未来人类满足他们需求的发展"；将可持续发展的目标确立在三个层面：社会层面、经济层面、自然环境层面。

② 早在1970年，新鲁汶的创建者们就在思考如何实现大学城的可持续发展，体现在以上三个层面的内容如下：社会层面：大学城倡导人口和文化的多元发展，其空间布局促进了公共场所的人际交往，其发展和管理机制旨在鼓励市民共同参与和集体协商；经济层面：通过城市内在活力和技术的创新，大学城创造了种类多且水平较高的就业机会，通过土地租赁协议对房地产市场进行调控从而避免了过度投机，对商业服务业的发展也适时进行管控以确保居民的生活质量得到保障；在自然环境层面：大学城坚持紧凑型步行城市的规模，采用分离式的排水系统和天然气集中供暖，禁止使用化石燃料，不断增强物种的多样性。

设计理念不应该被削弱。当然，新鲁汶在可持续发展方面也有不足，比如建筑节能方面。

经过对相关可持续发展著作的研读，我发现可持续城市发展的定义仍然在不断演变和成熟的过程中。目前还不应照搬现有的"成功案例"。虽然在这方面我们已经取得不少进步，但是几乎所有的"成功案例"都局限于技术运用层面：比如，提高能源利用效率、水资源的循环利用、建筑的节能减排。城市可持续发展在社会层面的内涵并没有被充分发掘和得到足够重视。据专家们披露，这些所谓可持续发展的成功案例，其实大部分只是集中在富人的聚居区。只有他们才有足够的能力为降低能耗的高新技术买单。因此，通过技术手段实现城市的可持续发展并不能对缩小贫富差异、减少社会不公起到任何作用。我认为，如果能先解决低收入人群住房的能耗问题，那么情况会朝完全不同的方向发展。通过改造现有的低收入人群住房以及新建低能耗住房，我们不仅能帮助低收入人群提高居住质量，还能推动影响范围更广的可持续发展。这正是实现环境与社会两个层面的城市可持续发展的共同目标。

可持续城市发展，将会是未来最普及、最受欢迎的理念，它的内涵应该在持续的探索中不断完善。为避免人才资金从欠发达地区向发达地区汇集从而出现更为突出的不平等现象，我们应利用制定城市可持续发展政策的时机重塑社会的运行机制。这是 21 世纪城镇化发展的一大机遇。富人区和贫民窟的分化曾是城市发展的必经之路。想改变它，就必须克服"同类聚居"的现象。所谓同类聚居，是指拥有同等经济实力、消费能力和相似文化品位的人群聚居在一起的现象。如果我们的可持续发展仅限于对环境的改造，那么社会发展中的问题将不会改善，甚至可能继续恶化。

对于一座城市而言，如何处理好它在高速增长与到达成熟前的过渡时期显得尤为重要。这需要客观理性的分析、准确的预见以及各种实践策略。换句话说，整合资源、强化管理以具备应对不可预见情况的能力，这样才能掌控城市未来发展的方向。当然，对城市管理者而言，最重要的考量并应该持续不变的是对环境质量的保证和提高。

3.3　城市发展的政策与措施

我在大学城工作的这三十年间（1970—2009年），新鲁汶大学制定了一系列有关城市规划和开发的政策措施，并取得了积极的成效。这应归功于城市管理者的远见卓识和专业素养。这些政策措施可以归纳为三大类：一、项目规划；二、项目营销；三、项目融资。管理者的远见卓识体现在他们始终与各方保持沟通协作关系，积极听取各方意见并设立共同目标，坚持弹性的总体规划方法，为未来城市发展留下宝贵空间。

在一座新城的规划建设中，与不同专业、不同领域的人员进行协调十分关键。新鲁汶大学成功地做到了这一点，并借助灵活的融资渠道和高效的决策机制，实现了：

（1）坚持以提高环境质量为核心进行土地开发和城市规划。从长远的角度来看，生活环境质量的提高会带来更丰厚的回报。

（2）为比利时首个新建城市项目，成功地整合了公共和私有资源，实现了双方的互惠合作。

（3）利用获利能力强、回报期短的项目收益（例如商业地产出售和租赁）来进行收益期长的公共设施投资（例如交通设施及公共文化设施）。

（4）确保城市化进程的整体性并实施具有弹性的城市总体规划，为应对未来不可预见的变化留下宝贵空间。

新鲁汶大学与旗下的不动产投融资机构 INESU① 的联合行动，可谓造就了大学城今天的繁荣。大学城建设之初由于资金短缺，新

①　INESU：Institut pour l'embellissement, l'Aménagement, l'équipement et la gesion des sites universitaires，新鲁汶城市开发及不动产管理公司，是专门负责新鲁汶大学城土地开发和房地产经营管理的公司，其财务独立于大学。新鲁汶大学校董会成员作为 INESU 公司的董事参与公司的经营管理。

鲁汶大学给予 INESU 公司多方面的支持：提供城市规划的专业人才；以低于市场的价格将土地使用权转让给 INESU 公司；对付款方式和期限给予便利等。这里有两点我想补充：大学从未挪用教学和研究经费投入到城市建设中；除了大学的楼宇、设施以及规划专业人士的劳务费，大学从未承担过城市开发的其他费用。INESU 通过各种融资渠道最终完成了基础设施和房地产的建设。对新城市的投资是一个长期过程，直至 1995 年前后，新鲁汶城市项目才实现了投资与收益的平衡。大学和 INESU 对该地长达 25 年的投资最终通过租赁、出售不动产以及土地价格的增值实现了可观的收益。今天，我们对于大学城中心城区①的开发，应采用高收益率与低收益率相结合的模式，用商业开发的收入补给住宅地产的投资，这样可以降低投资成本过高的风险。

今天，大学和 INESU 可以坐享其成：这片土地价值的接连攀升给予他们不断创造新收益的机会。面对未来，新鲁汶大学应坚持它在城市规划方面依靠专业人员和机构的运作方式。通过对房地产的有效经营以及中长期财务管理，来保证专业团队和机构的正常运作，确保城市开发和治理的有序进行。

另外，大学应保持现有的决策机制。也许有人会惊讶为何我不倡导建立一个更开放民主的机制。首先，我的观点并不基于任何政治立场；在我看来，目前的决策机制拥有较好的信息渠道、高效的决议过程和实施手段；从实用的角度出发，我赞同维持现有模式。

我曾参与创立大学城的相关规划、技术、法律、财务和行政工作。庞大的工作量需要一个高效的决策机制。正如米歇尔·乌尔汉（Michel Woitrin）② 和让·勒沙（Jean Marie Lechat）③ 在各自的著作中提到的：没有任何公共机构能够在如此短的时间内完成这项庞

---

① 中心城区的路面下是两至三层地下停车场，这使得该地的建设成本高出平地的几倍。

② 新鲁汶大学第一任校董会主席，参看"前言"。

③ 大学城创始人之一，参看"前言"。

大的工程，然而新鲁汶大学做到了。更难能可贵的是，在比利时瓦隆法语大区的这片土地上（瓦隆大区以社会党和自由党为政治主导，而全称为"新鲁汶天主教大学"天主教势力所拥有的政治资源十分有限）。

我曾长期跟踪欧洲新城市联合会的工作。从中发现，虽然欧洲各国都有意愿建立专业的新城市开发管理机构，但是这个目标却很难实现。对比利时这个从未制定过新城市发展政策的国家，这类机构的成立更是遥不可及。

时至今日，这个议题还经常被人提起。然而没有任何行政管理机构采取过具体行动。

社会学家丹尼尔·伯尔森（Daniel Bodson）曾经将新鲁汶的创建过程与中世纪修道院的建立过程进行比较。修道院曾经是中世纪整个社会的经济、文化和智力中心，而它并不采取民主的管理模式。修道士的教务会是它的决策机构，它能够适时、高效地做出决策并且着眼于大多数人的长远利益。此外，修道院几乎从不与当地的政治势力发生冲突。这些特点构成了该机构长期存在的原因。然而，我们的政府管理部门却拥有所谓"民主化的"冗长的手续和流程，尤其在土地规划领域，其流程更为复杂。再加之政府的换届选举，因此，最终成功的项目是那些战胜了行政流程马拉松的项目。

过去的成功经验告诉我们，只要新鲁汶大学能够继续以人本主义精神和对社会的使命感为前提引领大学城的发展，新鲁汶市就是最受人瞩目的新城市。

然而在大学内部，有着另一种声音：难道市政府不应在城市发展中承担更多的责任？难道大学不应将精力集中在它的教学任务上？①

————

① 在新鲁汶市，大学作为土地所有者承担着具体的土地开发和房地产管理任务，市政府对城市的建设开发起到行政审批和监督的作用。笔者认为，这二者首先对城市的发展方向应该具有相同的视野和理解；其次，市政府从中长期对城市发展整体把控，大学对具体项目是否符合既定发展目标负责。

可是，如何确保政府部门始终向着新鲁汶有利的方向行动？过去一些令人不愉快的经历说明，政府部门不一定会注重提升这里的环境质量，而且有可能会采取不利于新鲁汶的举措，例如：忽视管理，缺少主动性，缺乏长远眼光，人口管理不善，对新居民与原住居民采取不平等对待。

然而，大学无法回避行政法规及流程的管辖，所有许可证都是由政府部门颁发。作为这片土地的所有者，大学能够赞成或者否决某些新项目、新建筑设计或活动；但是最核心的，仍然是它对这块土地上房地产的管控。如果希望城市按照既定目标前进，那么就不能放松对其房地产的管控。如果仅仅是遵守行政法规和流程，这并不能为城市生活质量带来益处。遵守法规和流程本身不是目标，况且过度的规定会限制创新力量的生长，不足的规定又无法起到规范环境质量的作用。

如何制定未来的发展目标，我认为应该以各方的"沟通和协作"为基础，尤其是让普通市民也参与到城市发展建设中来。

3. 4 倡导民众参与

新鲁汶居民联合会是城市发展重要的助力者。联合会参与土地开发的研究和讨论，及时向大学和政府部门反馈意见，并积极维护居民权益。它在大学城的发展中占有重要地位。它是集体协商机制中的重要环节。然而目前，居民联合会正逐渐失去其原有的作用：它不仅不再主动与城市规划各参与者进行沟通，而且对于城市未来发展的长远问题也显得冷漠。例如，在制定交通政策的问题上，联合会并没有积极参与讨论，反而对新停车场的费用积极争取优惠。现在确实是时候来反思这样的集体协商机制了。

集体协商是城市化发展的必要手段，但它并不能确保城市化进程的顺利进行。为此，我们必须制定一套完善的工作流程。首先，专家们制定城市总体规划方案（内容包括实施计划和步骤，对人口流动、交通发展情况的预测等）。然后，将这些资料提交到政府部门、居民联合会及其他相关机构征求意见。据我个人经验，通常政府部门的负责人会急切地想了解主流意见。而对于我们城市规划师，则必须保持务实的态度，不仅要学会分析预测，而且要及时协调各方意见、调整相关方案。在一个需要各方协作的城镇化项目中，我们不仅要预测未来，更需要为未来可能的情况做好充足的准备。待这些工作完成以后，方可着手进行项目具体实施。在这整套流程中，居民联合会充当了重要角色，因为它是联系公民社会和行政部门的桥梁。

然而，行政流程总是极其复杂而漫长。这使得一个项目从立项阶段到实施阶段中间的过渡期被无限延长。居民代表们在项目立项前曾参与多轮讨论，但是真正到了项目实施阶段，他们中的大部分人或已被轮换（换届选举），或已忘记了当初的决策动机，甚至会表示质疑，有民众在项目实施过程中坚决不予合作。归根结底，导致这种现象出现的原因是我们没有利用好从项目立项到真正实施中间的过渡期。如果在过渡期我们能持续向居民联合会通报进展情况，使他们了解各阶段所采取的不同措施和我们采取某些行动的紧迫性，加深他们对项目整体脉络的理解，那么许多的误解和质疑就能够避免。

在新鲁汶，居民联合会的成长与大学领导人分不开。在城市建设之初，他们就十分重视市民的参与。从最初的社区委员会到今天已具规模和影响力的居民联合会，所有人看到了这中间的改变。社区委员会是居民联合会的雏形，它是帮助市民应对某些开发行为的临时组织的团体，不具有连续性和组织结构的完整性。而居民联合会是新鲁汶大学倡导成立的、代表全体市民表达诉求和意愿的机构。它的组织结构完善，其居民代表每五年换届选举。除了居民联合会，参与新鲁汶城市化建设的组织还有学生团体和政府机构等。这些参与者之间的合作应该更加公平透明。复杂的行政审批流程以及民主化的决策机制很容易使投资人丧失信心而导致项目流产。因此，一个透明稳定的合作环境以及对项目信息的准确公布，对一个项目的稳步推进来说十分重要。当项目的风险程度降低了，投资人的信心就会提升，谈判的余地也就多了起来。

为了完善集体协商机制，我们应赋予它自我监督和修正的能力。自我修正的工作不能仅仅依靠几位专家或规划设计师去完成，它需要广大民众的参与。而另一方面，民众的参与能够抵挡住来自开发商的强大压力。凭借雄厚的资本，开发商往往将他们偏好的设计、布局和商业模式强加于城市规划中。然而，这些偏好并非以生活品质为第一考量，其结果则会与城市发展的初衷背道而驰。

其次，仅仅依靠行政法规来推动城市化发展有时会起到相反的作用。行政法规尽管可以防止偏离发展方向，但也阻碍了一些新项目的推进和创造地产附加值的机会。因此，我认为城市化发展不能只依靠管理层，而是应该让全体市民共同参与，并给予他们自主选择发展方向和监督发展进程的机制。而对于城市规划师以及所有规划建设的参与者，他们的作用不应仅停留在职业技能的运用上，还应该从专业角度给予普通民众意见和指导。城市规划师应不仅能够将理论转换为实践，还应该具备向普通民众宣传解释的能力。

今天的城市已不再是独立的个体，城市间的联系正日益密切，一座开放的城市应从更广阔的地域去看待自身发展。对于政府及城市规划的从业人员来说，他们更应该站在整体大区域的角度来研究和解决相关城市发展的问题。城市化不是行政法规的推进，而是一种生活方式的传播。

当前，我们面临的最主要困难是：一个具有一定重要性的项目往往不能在一届政府任期或居民联合会任期内完成。这无形中给项目的执行增加了许多麻烦（如前所述）。现有的协商机制并不鼓励民众或行政部门从一开始就参与到项目的研究讨论中来。由此我联想到建立另一个更为合理的制度化的协商机制的必要。它的基本职能应包括：对一定规模以上的项目做完整的进度记录（包括各类规划方案、技术方案、阶段性成果、方案修改以及各方案的报批等），为查看记录资料的人员和机构提供便利，定期向有关机构通报项目进展情况。此外，它还应利用自身的信息沟通渠道为各参与者提供一个调解分歧、统一意见的平台。

3.5 发展方式背后

发展背后的文化根源问题是一个相当复杂的命题。世界上每一种文化都有它看待发展和推动发展的不同方式。比如，对同一件事情，荷兰人与西西里岛的居民之间、摩洛哥人与越南人之间都会表现出截然不同的态度和处理方式。即使在同一个国家例如比利时，不同政党、不同地区、不同社会阶层都会具有不同的推动自身发展的方式。而这些行为方式尽管随着时间的推移和技术手段的进步而不停演变，但仍然可以追溯到它们各自的文化源头和祖先。

新鲁汶大学城的创建与发展背后同样蕴藏着它独特的文化根源。而这种"文化根源"的核心部分就是创始人所构建的"价值体系"。而在 1970 年，新鲁汶大学的建设者正是依托这个价值体系的指引才创造了后来的奇迹。该价值体系由当时大学的领导人开创，随后成为了大学城建设者的指导思想。我希望利用本小节重新展现这一价值体系，目的有两个：一来有助于理解该体系对激励城市规划建设这种大规模集体行动所起到的作用，二来有助于我们从中反思和总结对未来城市发展值得借鉴的经验。设立共同目标是不够的，还需要将城市规划和开发中的各个参与者（包括建筑师、承包商、政府官员、融资人员等）团结起来，形成良好的协作关系。正如让·贺敏（Jean Remy）先生所说，新鲁汶的创建工作是"统筹协作方式"的范例。

这个价值体系的主要内容包括：

（1）讲求实际，重视实干。尽管在大学城创建之初，总体规划团队所掌握的资源十分有限，但是凭借对质量和效率的严格管控，团队取得了令人瞩目的成绩。埋头苦干、追求效率、不夸大宣传，这是取得成功的重要因素。

（2）兼容并蓄，开放创新。拥有 600 多年历史的鲁汶大学对各种思想观念、发明创造一直抱持着开放的态度。总体规划团队继承了这种传统，在面对质疑的声音、创新的方案和不同意见时，总是积极地组织对话，强调交流与沟通；在面对政治党派之间的意见纷争时，团队一贯采取中立态度。

（3）重视长远目标，放弃短期利益。创建高品质的城市环境才是首要目标。从长远角度看，高品质环境所带来的城市化经济的集聚效应才是团队期待的结果。

（4）团队的决策应保持客观独立，避免为获得投资和政府津贴而被某些个人或机构的意志所主导。此外，积极寻找潜在的合作伙伴，统筹各方资源，并联合各方建立一个"协作机制"。该机制的建立十分必要，一方面它可确保项目从开发到实施的连贯性，另一方面它可使各参与方达成良好的互动与合作。

（5）全民共同参与社会公共事务。城市规划是一项公共事业，它需要集中全体民众的智慧和努力。学生团体一样有能力肩负起社会责任。我们应该让他们充分了解城市的建设过程，倾听他们的意愿和诉求，获取他们对团队工作的理解与肯定（参见3.4节）。

（6）重视公共空间质量。公共空间的质量并不体现在外观装饰上，而在于它的结构和功能上。这个结构和功能应满足举办各类社会文化活动的需要，并体现出新鲁汶市对生活品质的追求。

以上六点构成了新鲁汶市创建工作的指导思想。据我所知，目前尚未出现从社会学角度分析该价值体系的研究；通过参考现存资料和具体事例，这个研究应该能形成一篇不错的论文。诚然，该体系也存在不足之处。比如，"积极寻找合作伙伴，统筹各方资源，并建立协作机制"需要耗费大量的时间；坚守政治立场的中立态度会使自身拥有的政治资源大大减少；再比如，城市发展的长远目标的实现需要长时间的坚持，只有坚持不断地汇集一切有利的经济、行政和法律条件，才能使今天不可能完成的事情成为明天的现实。

作为发展模式背后的文化根源，这套价值体系在大学城的发展中起到了重要作用。它虽然不多见于创始人的公开演说中，却融入了他们的实践经验里。

这套价值体系之所以能发挥巨大的资源整合作用，是因为：它并非建立在纯经济学、功能主义或自我宣传的角度上，而是从人本主义的价值观出发，团结了各领域不同思想的人士，并激发出他们的共同行动。

3.6 坚守"大学城"的概念

城市规划是一项政治化活动。在大学城的规划中，大学、行政部门和其他组织机构首先就设计思路、布局结构和实施步骤达成共识，在此基础上才结成紧密的合作伙伴关系。在这里，各方共识的核心内容是：建设一座现代化的大学城，结构上摒弃功能分区转而注重内部的连通性，其次是打造各项功能和构建良好的文化氛围，从而尽可能接近理想中的大学与城市的完美结合。在此思想指引下，各参与方高效完成了城市规划和建设工作。假如换一种方式，让融资机构来决策城市规划，那么作为规划建设主体的大学将被各参与方视为投机者而不再是值得信赖的有能力管理公共事务的合作伙伴。

还有一种情况需要避免，我们对城市整体的思考被打造吸引眼球的建筑物的欲望取代。自大学城创立以来，建筑空间就以人本主义的设计为基调。倘若改变这一指导思想，那么建造高品质符合人们生活需求的城市环境这一目标将无法实现。

在我看来，城市化是一个社会发展水平最重要的标志，它是集体智慧的结晶、共同劳动的成果。在城市化进程中十分有必要设置集体协商机制：通常设立几位经验丰富并具个人能力的负责人，由其组织集体讨论、协调矛盾与冲突。

针对新鲁汶的发展，我认为它应该始终坚守一座大学城的功能和形象。这并不意味着它的发展应该就此而停滞，事实证明，新鲁汶从过去到现在一直处于不断进步的状态。要知道，一座城市的发展不仅体现在其基础设施和规模的建设上，更体现在它对人性化需求的深入理解和环境品质的提升上。然而，发展不能仅凭几句空想的论述，它更需要实事求是的精神。我们需要秉承这种精神，对项目进行深入的可行性条件研究。一个项目从规划到实施之间的过渡期十分重要：此期间正是可行性研究的过程，项目方案在此期间会被不断地修改和完善，直至实施的条件完全具备为止。

此外，还应注意到：谈判其实是寻找共同的目标、达成共识的过程，而不是妥协放弃。这也是项目实施前的必经之路。新鲁汶的创建者们正是抱着这样的态度，才实现了设计理想与现实条件的完美结合。

对于城市的理解，不应只停留在物质结构和专业领域，而是应该把它看作社会发展的主体。它是人际交往的地点，也是人类聚居生活的高级形式。在这里，人们结成了各种社会关系，创造出各自的理想生活。尤其是那些艺术家、作家、设计师、造型师、音乐家……他们总能发掘城市生活的新面貌，城市的内涵因他们的理解和创造变得愈加深刻和丰富。

对于城镇化建设而言，它不仅指的是建筑和公共设施的建设，同时也是社会生活的构建。因此，一套目标明确内容全面的城镇化方案是必要条件。这套方案应涵盖城镇化进程的各个方面。其次，才是对私人及官方的提议进行评估。听取和利用好各方的提议并非易事，它需要一个经验丰富、能力强大的项目实施主体。只有这样的主体才知道如何在合作关系下平衡好各方利益。

然而，事实上声音最为响亮的提议总是最容易被接受。我认为，决策者应多倾听专业人士以及对城镇化发展问题有所思考的人士的意见。经过对方案的多轮讨论、修改和完善，最终方案才会被所有参与者接受并确定下来。这时，所有努力才会有所回报。

回顾职业生涯，我曾担任城市总体规划负责人：负责统筹安排各相关专业的分工，主导各领域的工作以及回应各方的质询。这种工作使我学会听取不同意见、学会在行动中反思、在各种条件下积极寻找解决问题的办法。今天，当我写到这一小节的时候，内心其实有一个顾虑：担心读者们会认为我的论述偏理论。然而，我已经尽可能避免了对专业知识的阐述。我没有忘记，城市规划不是一项科学，它是多门学科知识的融合以及实践经验的总结。而对于城市的规划和建设者来说，思考能力与实践能力同样重要！

3.7　城市空间增长：边界在哪里?

当前我们面临的另一个主要问题是，城市扩张的边界究竟在哪里?

如果读者一路跟随我的思路，那么你们一定能猜出我的立场：新鲁汶应不断提升发展的动力但同时严格控制城市空间的增长。也就是说，应保持步行城市的规模，避免空间扩张而导致的步行距离增加。具体而言，我的观点包含了两层含义：

(1) 市内的许多空间被停车场所占，应该在城市环线上①新建大型停车场，这样一方面市内留出的空间可以供城市未来发展之用，另一方面开车到新鲁汶的人们会拥有足够的停车位，不必再担心停车问题，从环线停车场步行就能到达城市的任何地方。当然，城市环线停车场作为外来人群进入新鲁汶的门户，理应在质量和外观上下一番工夫。

(2) 目前开始对城市进行扩张，我认为为时尚早。首先应该对《新鲁汶大学城总体规划纲要》进行全面更新和优化。修订者应集思广益、共同研究制定出一个适用于当前发展阶段的方案。

之所以如此直接地表达我的观点，是因为当前希望大学城扩张的声音越来越响亮。然而，环线以内其实还有许多空间可以用来建设居民住宅、学生公寓和教育设施；城市空间越过环线，这就意味着汽车将成为最主要的出行方式，新鲁汶将因此而失去它的特点和优势。

从更长远的角度来看，城市的空间增长越过环线也并非不能成为现实。但是，这样的行动背后应该有充分的事实依据。如果未来大学城的学生人数增长过于迅猛以至于学生人数占超过城市常住人口的比例的三分之一这个范围；那么，越过环线的城市延伸也就十

---

① 城市环线的解释，参见第 1.4 节。

分必要了。如果学生人数超过特定范围，将会导致大学城人口结构的不平衡，城市功能也将被特大校园掩盖，这必将影响市区以及外围科技园的正常运行，最终引发一系列经济社会问题。然而目前，这种学生人数激增的趋势并未显现，而且大学未来的发展战略也并不明朗。因此，这样的计划为时尚早。而当有一天，我们的城市真正扩展至环线以外，除了需要追加相当规模的投资外，我们还应积极拓展清洁环保的交通方式。

环线以外还有一些地区没有被纳入《土地开发计划》，它们的发展其实最令我担心。针对这些地方，开发商们的动作频繁，经常会冒出未经研究和协商的开发方案。我担心利益的驱动会使这些方案获得批准而执行，从而限制这片区域未来的发展。

新鲁汶大学城的扩张也许只是时间问题。然而针对目前发展，我认为应坚持质量优先的原则，其内涵包括三个方面：

（1）关注每个地点在城市整体中的位置与作用：其功能的辐射范围、与周边的联系和互动等。沃鲁夫（Woluwe）校区的开发就曾因为只注重每个项目本身的优劣，忽视了在整体环境中的地位，从而导致项目评估出现混乱以及整体运行出现问题。

（2）给予城市环线以外地区与环线以内同等的重视度与建设力度：尽管针对科技园的建筑、基础设施及公共艺术品制定了严格规定，但它却并没能成为人们喜爱的社交场所和企业交流会所。这很大程度上是因为位于城市环线以外的科技园既没有配套生活设施（比如邮局、银行、健身馆），也没有与城市其他区域形成关联与互动。它只是些工业区，与大学城的生活毫无关联。当意识到这个问题，我们便开始着手调整：首先改善园区的现有环境，然后制定新开发区域的规划（从园区的整体规划入手，到局部绿地和建筑群的布局，如何使两者相互映衬、和谐统一），接着设计多条直达市内的通道，并构建与市内的功能性关联，最后把这一系列的设计安排统筹到具体的执行方案当中。我们应该承认，科技园区的整体功能和形态应超过园内所有研发中心的简单聚集。

（3）为了进一步激发城市活力，增进城市社交，建议明确城市定位、集中相关资源、组织活动，比如将大学城打造成继续教育培训基地、科技创新基地、学术交流中心，这样就可以避免多余重复的建设。城市空间的增长应当以其内在的发展动力和交流的紧密程度为基础。为实现城市的定位，《新鲁汶大学城总体规划纲要》应被适时更新，因为这不仅涉及城市发展的中长期目标，而且还与城市土地规划和开发细则密切相关。

当前大学城的开发建设应遵循质量优先原则。尤其是中心城区，因其特殊的石砖地面而具有不可分割性；它的规划设计更需注重整体性，因此需要找到合适的大型投资人来完成。当我们掌握了有效的管理手段，城市的快速发展将不再是难题。

距离环线更远的地带，即高速公路 E411 以东，新鲁汶大学所有的 130 万平方米土地是接下来需要探讨的主题。对于这片区域的开发，我有两个观点：

（1）应尽力避免城市化建设向这块区域延伸。原因有两点：首先，城市化区域的扩张会增加步行的距离，从而导致步行交通被机动车取代，大学城最终被淹没在汽车流里。其次，据贾思东·巴尔戴（Gaston Bardet）① 先生的研究，从经济学的角度看，大型城市的行政开支增长必定会超过它收入的增长。换句话说，对于大中型规模的城市，它扩张的面积越大越快，它的负债就越高。

在此，我就不对巴尔戴先生的研究进行详细说明了。简言之，一座城市的负债与它所处的历史背景以及社会经济环境有很大关系；但这其中最直接的关联就是与其扩张的面积之间的关系。

结合巴尔戴先生的研究与当前城镇化发展的情况，我认为可以做出一篇颇具深度的论文。新鲁汶环线之内的城区体量相当于一座大型城市中心区的水平，对于这个步行城市而言是理想的尺度。因此，当前我们需要做的应该是完善相关配套、监督其运行情况，以便在情况发生变化的时候可以及时调整。

---

① ISUA 布鲁塞尔-国际城镇化研究院院长 Institut International d'urbanisme appliqué de Bruxelles。

（2）如何利用这片土地，我的建议是建设一座结构合理、生活内容丰富的新村镇。我们应避免对地块的切割和大批开发商的引入。建设之前应制定一套严谨的方案，从地理结构、人口密度、设施功能等各方面对新村镇进行周密的规划。总之，目标是构建一个真正的村镇生活环境，千万不要让它仅仅成为一个住宅区而毫无社会文化生活。

然而就目前情况来看，为 E411 以东地区作规划还为时尚早。就在我们的想法逐步成熟、相关政策手段逐步就绪的过程中，大学如果能将这块地区的开发与其教学、研究和服务社会的使命结合起来，那一定能发挥一举两得的作用。几年前我曾建言：在此地开展对生物多样性的研究。这并不意味着要种植各种植物，而是要在此建立生物研究所和发展生物科技相关产业。尽管这条建议是否能写进 E411 以东地区的行业分布规划还悬而未决，但是时任农艺学院院长的布鲁诺·戴沃（Bruno Delvaux）先生对于我的建议表达了强烈的兴趣和肯定。这对于罗塞尔（Lauzelle）农场也是一次新的发展机遇：将其转变为生物资源丰富的研究型农场，这将使它出现在科技和城市发展的前沿。当然，这整个计划不仅需要学术界的大力支持，更需要一个项目团队的协作。

至此我相信，新鲁汶大学、市级和州级政府完全有理由通力合作，制定土地开发的长远规划，不让这些空白的土地成为城市无序增长的牺牲品。

3.8 社会多元化：如何推进？

通常，当提及社会多元化问题时，人们都信誓旦旦声称自己是拥护者。然而，很少有人说明应当怎样实现多元化、采取何种手段、制定哪些政策。在最近我参加的一次该议题的讨论中，人们习惯性地将焦点放到社会保障房问题上：一些人抱怨政府没有投入足够的资金来建设和扩大保障房社区，另一些人则认为已经有足够数量的社会保障房。

　　然而，仅仅依靠建设保障性住房来实现城市的多元化是不够的，我们需要一整套政策和措施，从而使多元化不仅体现在居民年龄层次上，还体现在其收入水平和教育水平上。如果缺少相关政策，就极可能出现"同类聚居"的现象（见第3.2节），比如：规模庞大的保障房片区，青壮年从市中心外流，老年人公寓区以及富人聚居被动型节能住宅区。

　　我有一条建议，听起来或许有些不可思议：首先帮助低收入人群迁入城市中心。这样一来，低收入人群的生活会变得便利，因为所有公共设施（包括交通、文化设施等）就在住地周围。而另一方面，腾空的社会保障房以及保障房用地可以以优惠的价格出售给具有稳定收入的工薪阶层，而由此获得的收入可用于帮助贫困人口迁入市中心。这条建议很新颖，但它不应仅作为宣传口号，而是要成为相关政策体系的重要一环。此外，它的实现还取决于城市规模以及涉及的家庭和人口数量。

　　随着人口向市郊分散，许多中小城镇的中心区都日渐萧条。由于担心地产贬值，投资中心区房地产的人越来越少。中心区的住宅只有被分割成一个一个的小间以便出租；中心区的商铺由于缺乏活力，更新率极低。对于市政府来说，中心区的维护费用要高于它所能带来的收益。对于新居民来说，中心区地产不仅增值的希望渺茫，而且不具有社会地位的象征。由于被其他公共设施占据（例如商业、办公、交通、教育和医疗设施），中心区的人口密度相对较小。倘若环境得不到改善，将不再会有人投资这些地区。

　　如果希望多元化出现在城市中心，那么不宜在这里建设保障性住房。而是应该与开发商进行协作，设计一整套包括各种住宅类型的方案（包括为工薪族、中产家庭设计的住宅，也包括为低收入家庭设计的廉价住宅）。相比而言，保障性住房只会让低收入人群聚居在一起，这对实现社会多元化又有何帮助？而对于工薪家庭，如果希望他们搬进城市中心，那么不仅需要在中心区配备生活设施（幼儿园、学校、商场……），还需要给予他们贷款融资方面的优惠，例如无抵押贷款（例如，新鲁汶大学为鼓励教职员工搬进大学城在 20 世纪 80 年代给予他们无抵押贷款的优惠条件）。总之，为实现城市人口和功能的多元化，我们应预先做好规划，制定相关政策，采取恰当的手段，以达到预期的目标。

3.9　营造城市良好氛围，重视市民感受

曾有人就新鲁汶的城市氛围写过许多文章，内容包括在人口增长和外来人口迁入的过程中城市人文环境的改变。的确，从夜不闭户的村落到现今多元化的现代都市，这期间大学城的发展经历了许多挑战。其中社会多元化问题就经常成为论战的焦点：著名的案例是 1969 年的卡德纳斯法令（Loi Cadenas），法令规定新鲁汶市所有住宅只能提供给该校大学生及教职员工使用；多亏安德烈·阿尔弗（André Oleffe）①，由于他的努力该法令最终被取消。其次还有保障性住房安置问题，城市规划人员必须与保障房承揽企业商谈保障房的分配，与科技园的进驻企业协调保障房的选址（后者不希望临近保障房）。另外，如何管理学生与城市居民在大学城的共同生活是必须持续关注的问题。有些政策制定者希望新鲁汶市成为专门为中产阶级家庭提供居住的城市，还有一些居民拒绝连锁超市阿尔迪（ALDI）的进驻，理由是自己的居住区不应该被商业活动占据。城市里的每一个人对生活环境都有自己的理想，他们创造着属于自己的生活，那里有他们经常光顾的地方、经常联系的朋友。多元化发展既是挑战也是机遇，它增添城市魅力，必将会使生活在其中的每一个人受益。

然而，我们不能把营造良好氛围的重点仅仅放在多元化构建上。一个城市的整体氛围还与它的总体规划、街道、广场、建筑物和公共区域的布局、噪音的控制以及居民的幸福感和安全感密切相关。通常，居民的幸福感与安全感来自生活环境，包括街道、住宅、商铺、会议场所及其他服务设施的条件与外形。而在新鲁汶，

① 曾担任新鲁汶大学的校董会主席、比利时联邦政府经济部长等职务。

居民的幸福感还来自另外两方面。一是丰富的文化活动：学术会议、老年大学、音乐会、戏剧、民俗艺术、博物馆、公共艺术以及各类交流会等。二是居民与配套服务设施的临近：包括幼儿园、学校、火车站、公交车站、运动器械、运动场、市政服务机构以及居民联合会等。而居民的安全感更主要来自市内及周边科技园创造的众多就业机会。

良好的城市氛围同时还来自市民对城市发展管理的信心。在新鲁汶，尽管市民们时常畏惧改变，大学的管理层缺乏与普通市民的沟通，但是市民的这份信心却随着时间的推移得到了增强。我认为，这主要得益于一个结构完备、运作成熟的集体协商机制。而居民联合会在该机制中起到了关键作用。新鲁汶市很幸运，拥有这样一个居民联合会。联合会的代表是能够着眼于长远的公共利益、善于听取多方面意见、折中各方立场的常住居民。城市化进程越复杂、持续时间越长，沟通方面的努力就越应该得到增强。

为了营造良好的城市氛围，我们还举办了各类活动，包括两年一度的艺术节、鲁汶沙滩浴场、花灯展、户外游戏、各类见面会和集市。这些活动虽然持续时间不长，却是行之有效的城市营销手段。它不仅为市民带来了丰富而精彩的文化生活，而且是"回归城市生活"政策中的重要环节，能够带动整个城市经济的发展。对于城市规划师而言，他们由此找到了一种新的伴随市民步行的方式。搭建简单的步行街道已经满足不了市民的需求，还需要使他们在城市街道中拥有安全感，使他们有意愿在此穿梭和停留。而有意愿步行出行的人越多，行驶在公路上的人就越少。这对于公共交通和环境保护大有裨益。此外，商铺店主也希望出现更多的步行者，因为他们的营业收入直接与橱窗前经过的行人数量成正比。

是什么构成了新鲁汶这个小社会？是内容丰富的社交网络，是公共空间所提供的社会交际机会。我们对城市生活丰富性和文化氛围的重视促进了社交条件的提升和完善。然而，这并非没有风险。倘若我们希望保持合理的多元化发展水平，就不能将城市化建设的决定权交给机会主义或开发商的投机行为。我们应实施连贯而稳定的多元化发展政策，而这项政策必须由科学的城市规划作为引导。

　　因此，我十分赞成建立一个针对新鲁汶市居民生活幸福感指数的衡量体系。大学拥有足够的专业人士来组织一个责任委员会（该委员会的设立可以参考斯蒂格利茨委员会①），委员会的主要职责将是制定具体的衡量指标、衡量方式以及追踪各指标的变化趋势。在我看来，这也能成为一篇很好的论文主题。

3.10　城市绿地

　　在新鲁汶这座规模较小的紧凑型城市里，绿地的布局需要更为细致的规划。这里没有大面积绿地，城市的面积和结构限制了它的出现。而在距离大学城仅步行 10 分钟的地方，就会出现大片树林，罗塞尔树林（Bois de Lauzelle）和荷夫树林（Bois de Rêves）。尽管如此，大学城却不是"花园城市"的代表，而是依托自身的功能、结构和人文环境成为了一座真正意义上的有机城市，它达成了创始人"将城市建在大自然当中"的梦想。

　　1970 年的规划纲要针对大学城内绿地的布局和作用进行了详细说明：中心城区在内的每个区域都要布置适当的绿地，在公路、广场和停车场也须仔细搭配绿色植被；绿色植被有着改善空气质量、装饰和提升生活环境的重要作用。在此，我不再引述纲要的具体内容。但在今天倡导节能减排的时代背景下，我认为当时对绿色植被的重视具有了新的意义和内涵。一些美国学者逐渐意识到城市内及周边规划绿地的重要性。这些绿地对于市民而言是更便于到达的休闲场所，它留住了那些周末去郊外踏青的人们。比如，新鲁汶

---

　　①　又称经济表现与社会进步衡量委员会（Commission sur la Mesure de la Performance Économique et du Progrès Social），于 2008 年由时任法国总统萨科齐成立，诺贝尔经济奖得主约瑟夫·斯蒂格利茨（Joseph Stiglitz）教授担任该委员会主席。委员会的工作是将衡量人类幸福指数系统由 GDP 产值为主转变成以生活幸福感为主，亦即包括自由程度、安全、满意、生态环境等。

大学城的人工湖，一到周末这里便聚集了休闲的人们。在此，我重提关于建设城市环线停车场的意见。该类停车场不仅可以提供给在新鲁汶的上班族使用，还可以为在罗塞尔树林、荷夫树林（Rêves）以及科技园区（园区内的许多公共艺术品成为了颇具观赏价值的景观）休闲的人们提供方便。总之，我们应该倡导让更多大自然的爱好者到市内及周边绿地去休闲娱乐而不再仅仅是郊外的森林。

3.11　城市化经济

新鲁汶的成长并没有遵循典型的欧洲新城市发展模式，即投资来自政府而最终房地产企业获得发展的收益。从新鲁汶的创始人雷蒙·勒梅尔教授那里，我明白了一个道理：未来城市的第一大资源其实是拥有幸福感的城市居民所凝聚成的活力。波里那（Le Borinage）① 地区城市化发展的失败经验更使我意识到：拥有大型基础设施是不够的，城市生活的活力才是经济繁荣的引擎。

新鲁汶的城市化进程离不开当地经济的发展。高速的城市化扩张催生了经济的增长。地区的经济增长又为城市设施和配套服务提供了资金保障。被誉为新鲁汶之父的米歇尔·乌尔汗先生，他的远见卓识就体现在巧妙运用经济手段，科学有效地管理大学城的发展，具体内容包括：不断创造城市化收益并以此加强对地区经济增长质量的投入，采用可靠的融资手段并借助于此来改善和提升公共配套设施。为了使这种管理模式顺利进行，管理者还必须具备长期管控不动产的措施。此外，公共设施的集中布局也为城市经济带来了各类资源的集聚效应。集中分布的设施、企业和服务机构使人们的交往活动更为频繁和多样，从而在城市有限的空间内产生了广阔

① 20世纪60年代比利时政府曾在此地兴建了许多大型基础设施和工业区，却没有构建宜居的生活环境。于是人们选择居住在其他地方，仅白天来此地工作。20世纪80年代由于传统产业的没落，此地也逐渐走向荒废。

的市场和营利空间，进而更多的资金、人口在本地聚集，推动城市经济增长，这就是"城市化经济"。2007 年大学城中心电影院的暂停营业事件①，从反面说明了城市化经济的连锁效应。

近年来，新鲁汶大学城的吸引力不断发酵，带动了当地及周边的房地产的增值。丰厚的地产收入并没有流入开发商的腰包，而是由大学统一管理。大学对土地用途的深思熟虑以及通过土地租赁协议（Emphytéose）② 开发管理房地产市场，这两种手段有效地抑制了房地产价格的暴涨。如果没有大学的调节作用，那么新鲁汶的房地产市场极可能出现投机泡沫。例如，在布吕耶尔（Bruyères）地区，曾有一块土地的续租权在市场上公开出售，结果这块地最终以远高于租赁协议的市场价格成交。

如果我们希望避免城市环境质量的下降，那么城市化进程则应遵循符合市民幸福感的发展道路。之所以这样说，并不是为表现我个人的思想高尚，而是因为新鲁汶的宝贵经验。高质量的城市环境、良好的社会文化氛围使得一大批较高水平的工作岗位得以在新鲁汶诞生，连带当地的房地产价值攀升。因此对于城市营销而言，它包含的内容并不仅仅是这座城市的物理结构（包括街道、广场、建筑物的形象），最重要的内容其实是这座城市的生活品质。在这里，生活品质当然也包括举办的各类活动，包括艺术、民俗文化、智力及节日庆祝活动等。

城市经济学家应明确使用价值（它的用途）和交换价值（卖出它的价格）的区别。从而人们就会理解，为何在土地资源越来越稀少的新鲁汶，土地的使用价值成为了首要考虑的内容。在此，

---

① 2007 年新鲁汶市中心最大的电影院暂停营业，随之而来的是人们交往活动的频率降低和往来大学城的人口数量的持续减少，影院周边包括酒吧、餐厅、超市在内的其他商业活动也逐渐走向衰落。

② 指新鲁汶大学城租期 27~99 年的所有土地租赁协议，由土地所有者新鲁汶大学与租赁企业签订，旨在促进土地开发的同时对具体项目进行宏观管理。

我想强调：创建新鲁汶的初衷在于创造一个崭新的城市环境，使得这里的城市化经济服务于大众、服务于建设高质量的生活环境。因此，如果将土地使用的决定权交给投机资本，那势必造成无法挽回的错误。

城市规划不仅是工程师的课题，也不仅是法学家、美学家研究的专业，而是一门综合性强、结合了不同学科的不同视角来研究和实践的学科。城市规划者应时刻关注当地的地理环境、社会经济以及人口文化特点，跟踪这些特点的变化并适时做出反应。在城市化进程中，地产的收益取决于投资决策，而投资价值的产生与居住者的价值观念密切联系，因此了解居住者的价值观念和文化背景显得尤为重要。

如今，房地产市场已无法回避其开发行为对自然环境造成的不可逆转的改变；城市化进程从而受制于自然条件及其内在不可逆转性的影响。它不仅关乎地球其他地方以及子孙后代的发展，而且考验着现行各体系的发展演变，包括经济、社会、生物及物理环境等方面。这从另一个侧面揭示了可持续发展的内涵。

在这一小节的结尾，我想引用贝尔纳·塞西（Bernardo Secchi）先生 1999 年接受采访时说的一段话："不可低估城市化使得一块土地发生的一连串变化；土地、居民、居民的理想及文化背景，这些因素夹杂在一起所引发的变化是如此神奇。而正是这些被城市化的地区，其土地开发利润和储蓄能力高得惊人，也正是这些地区培育了多样的人文、科技以及交流互动的种子。"

3.12 城市建筑

在 1997 年的 A + Architecture 期刊中，维利·卡顿（Winnie Carton）曾提到："所有关于新鲁汶市建筑的论断，无论是褒奖还是批评，都已被评论过。"① 因而我在此不再赘言。早在研究制定

———————

① A+ Architecture 期刊，1997 年 2 月第 145 期，第 108~177 页。

《新鲁汶大学城总体规划纲要》时，我和同事们就在思考应如何建设和管理未来城市的建筑。在当时，针对建筑风格问题进行过一系列讨论。最后确定：除了几个标志性建筑可以采用特立独行的风格外，其他建筑必须符合新鲁汶整体建筑风格。于是，大学立即为市中心的科技广场选定建筑设计方案。我并不打算在此叙述以往的经历，而是想借此机会来探讨，大学城是如何实现对建筑的管理以及这样做的意义。

建筑不仅是城市形象最显著的代表，也是城市文化与气质最直接的诠释。大学城对建筑的规格、材料有着明确的规定，并且确立以本地传统风格（长方形门窗、斜面屋顶、冷色调外墙等）为整体建筑风格的基调。在此基础上，多样的建筑形态得以创造。也因此，居民们对自己的生活环境感到亲近和放心，不用担心城市公共空间的整体性被"建筑物体"① 破坏。

对于本国以外的读者们，在此我需要做出一点说明：与大多数的新城市不一样，新鲁汶的居民们选择自己搭建住房，他们使用自己的设计师和建设承包商。这样一来，每年新建住宅的数量和速率都不高，但是居民却由此对自己的生活环境感到更为安全、亲切和美好。而对于城市管理者，他们又多了一项任务：协调所有建筑师和承包商并且使多样的建筑形态与整体环境相统一。简言之，既要避免因多样化而产生的混乱又要防止单调，这两种因素都会引起居住者的不安。

大学城的整体建筑品质体现在，它既坚守了整体的质朴又彰显了每个建筑的个性。我们经常听人这样评论："新鲁汶市错过了绝好的机会，原本可以成为全比利时建筑设计师们的试验田，看看他们的才华能创造出怎样的奇迹。然而事实却远非如此。"要知道，发表这类评论的一般都是建筑设计师，当地居民和政府官员从未有过类似评论。况且，让设计师们自由地去创作极可能会产生画蛇添

---

① "建筑物体"特指那些与整体环境格格不入、形态怪异又极为突显的建筑物。

足的效果。试想，各种建筑体积、材料、颜色堆积在一起会是怎样的效果？即使单个看起来很美观，也无法构成和谐的整体，无法形成令人愉悦的环境。

还有一些反对的声音来自到过新鲁汶一次或两次的人们。在他们看来，这里的建筑太单调。这令我想起一些人对乔治·巴森（Georges Brassens）歌曲的评论：总是一个调子！其实，如果细心观察就会发现，在相关城市规划与住房管理条例的约束下，建筑设计师们在此地的创作水准已经远超周边其他城镇的水平。至今，还从没有人对新鲁汶的各种建筑形态以及 20 世纪 70 年代后各建筑流派在此地的创作进行统计和汇编。维利·卡顿（Winnie Carton）先生曾经搜集过相关资料，但是未编辑整理成册。也许现在来补充这片空白尚为时不晚。

正如前文所提及，大学城自 1970 年以来确立的整体建筑风格是源自当地传统风格并在此基础上的一次更新。而这，正是大学城取得成功的原因之一。要知道，建筑风格是城市创建者的主观选择，倘若选择了其他风格，那么城市的面貌会完全不一样。

自创建以来，新鲁汶市的建筑经历了许多演变。在不久的将来，也许建筑师们就能不再受约束而自由创作。然而我始终认为，保持城市的整体性和协调性是更为重要的事情。城市管理者们应继续以谨慎的态度对待可能出现的"建筑物体"。正是这些"建筑物体"打乱了城市整体的结构和组织。的确，一些明星建筑师倾向于展示个人才能而不情愿受制于城市整体的大环境。我也清楚地了解西班牙毕尔巴鄂市（Bilbao）以及其他城市由于标志性的文化建筑而取得了巨大成功。这意味着在某些城市的具体条件和特点之下，一些标志性建筑能发挥其特殊的作用。但是对于大多数城市而言，成功来自于整体环境的和谐统一，尤其是城市建筑风格的协调（无论是当代建筑还是其他类别建筑）。就此，让·巴勒米（Jean Barthélemy）先生曾经提出"建筑的城市化"概念，他说道："城市建筑应融合三大要素，即梦想、现实与理性。"而他在蒙斯市（Mons）的创作正能体现这样的思想内涵。

4. 城镇化的未来

　　21 世纪是城镇化的世纪。城市又会以怎样的面貌出现?

　　全球的城镇化进程势不可当。自 2008 年起, 全球一半的人口生活在城市区域。各大媒体频繁地讨论着这个话题。正如前文所提及, 当前摆在各国政府和各大国际性机构面前的一项重要问题就是如何管理城市化发展, 如何使大都市变得适宜居住。欧洲在城市化发展方面有着独特的优势: 多数城市的规模不大, 主要城市与周边城镇的距离适中, 因而临近的大中小城镇构成了多中心城市网络。例如, 在比利时, 每 30 千米就坐落着一个中等规模的城市。如此一来, 人口过度集中、过度扩张而形成的特大城市问题就得到了避免。

　　假如欧盟及所属各国能将政策重点转向多中心城市网络的功能整合和提升并帮助这些中心城市实现互补和共赢, 那么许多历史悠久的小城镇、小村落就能重新获得人们的青睐, 从而发展成为下一个中心和人口汇集地。当然, 实现城市网络的功能整合有一个前提, 那就是完善的交通基础设施。我敢肯定, 供人们更换交通方式的中转站将是未来需求量最大的公共设施。

　　前文中曾提及, 新鲁汶的城市结构是一个各部分有机联系的整体。这意味着, 公共空间的组织、道路交通网的设计以及配套服务的布局是规划这座城市的基础。规划工作围绕建立城市的连通性而进行, 而不是各部分之间的隔离。

　　放眼未来, 城市规划师们提出的方案应首先着眼于提升城市整体氛围以及增强其连通性, 其次才是建设形象工程。由此可见, 新时期的城市规划和管理工作必须符合可持续性发展的要求。换句话说，必须以最佳的方式来结合经济、社会、生态和基础设施等各方面的诉求，以此实现城市的可持续发展。

因此，我的结论既审慎又紧迫：我们应停止对既定决策的指责，尤其是在可利用土地越来越少、可操作空间越来越小的情形下，我们比以往任何时候更需要去积极探索，达到最宜居城市环境的发展方式。此外，我们应该拒绝教条主义、冠冕堂皇的论调、不假思索的判断和含糊其辞，更应极力避免为制造场面效果或迎合政治目的而放弃原则和立场。

今天，我们在城市化发展当中遇到的主要困难是过程繁冗、参与人员过多以及缺少综合型人才。要知道，城市规划是一个多学科高度综合的领域，而这种综合能力只有同时具备理论与实践两种经验的人才能获得。新鲁汶大学已经成功完成了大学城创建的规划和建设工作。作为一所综合型并具备相关经验的大学，我认为它完全有能力应对这些困难。但值得注意的是，它应同等重视理论与实践，同等重视各学科知识的运用以及对具体项目的管控。

在多中心城市网络区域，城市与周边城市之间的合作方式是人们首先关注的问题，其次是城市与区域管理部门的关系问题。因为一些潜在因素的作用，这些问题有时会变得相当复杂。这些因素包括党派的战略、项目间的竞争、利用其他参与方以谋取私利等。这使得城市与城市之间、城市与区域之间很难在公平、明朗的环境下实现共同发展。

虽然新鲁汶市在行政上隶属于奥迪尼市管辖，但是它未来的发展不仅限于奥迪尼市。随着周边城市的快速发展，包括瓦夫尔市商业圈、瓦夫尔市北部孟圣吉拜市第三产业增长、梭蒙吉杜市人口的多元化发展等。新鲁汶市将与这些城市加强联系，结成分工明确的伙伴关系，并逐步推动彼此间的互利合作。该区域的多中心城市网络也将因此快速发展起来。在多中心城市网络体系中，新鲁汶市没有任何理由以牺牲周边城镇为代价去实现自身的增长；相反，被其他健康发展的中心城镇所围绕将最有利于它自身的发展。正如前文中所提到的，居民的信心来自管理者对城市发展的科学指导。如果在构建城市网络中，中心城市之间能实现真正的互惠共赢，那么居民们也会对城市网络的发展产生信心。在这方面，针对社会地理、经济地理与城市网络之间的关系问题，还有许多值得我们深入研究的地方。

结　束　语

　　毫不夸张地说，当前消费型城市与可持续发展城市之间的对立正在新鲁汶市上演。我们正处于一个敏感的过渡时期。

　　消费型城市和可持续发展城市，这两者的对立就好比个体交通和公共交通之间的矛盾，激烈的对峙无法解决问题。只有寻找双方的互补性才是行之有效的解决方法。而问题的关键其实在于寻找两者配比的平衡点。

　　新鲁汶在规划之初就推出了一系列促进城市化发展的方案，包括土地租赁协议（Emphytéose）①、以公亩为单位的地块分割、土地分界共有性、城市规划管理条例、建筑材料规定等。当时，几乎所有大型房地产公司都嘲笑这些策略，认为它们违反了商业运作的规律，不会取得好的效果。然而，新鲁汶市前30年的发展历程推翻了这些判断。它用事实证明，对城市魅力起决定作用的是：环境给人的亲近感、文化生活、智力资源、公共设施的品质、就业水平以及房地产增值空间。在这里，不可低估土地租赁协议到期后续约更新的便利和保障对房地产市场起到的积极作用。

　　在公民社会，当一个人在工作的地方受到重视并对他的事业负有较大责任的时候，他往往对自己生活的城市和社区的管理会更加关注、更加投入。在新鲁汶是这样，在其他地方我相信也会是这样。而另一方面，我们可以继续追问：当一个人在他工作的地方得不到认可、感受不到良好工作氛围的时候，他是否会更渴望在城市

---

　　①　参见第3.11节。

和社区管理活动中找到一席之地并获得这些积极的感受？这是个值得研究的问题。

从本质上说，城市是一个交流的地方，人们在这里消费物质财富和服务，也在这里实现社会交往。城市的管理者应当知道，消费和社会交往对于城市而言都很重要，并且二者不可分离。消费是城市经济的指向标，而社会交往则提升城市文化氛围，两者对于城市发展的重要程度指数需要定期更新。雷蒙·勒梅尔为此打了一个生动的比喻，称这是"经济与文化的幸福结合"。

现今，我们逐渐意识到参考资料的编写对于推进城市化发展十分重要。比如 1970 年编写的《新鲁汶大学城总体规划纲要》，为新鲁汶市后 25 年的发展做出了长远规划，成为了重要的参考资料。1994 年该纲要进行了修订。在城市化建设中，这份纲领性资料比具体的规划设计图纸更具有实用价值和参考意义。我认为现在是时候来再次修订这份纲领性文件。然而，这是一项综合性极强的工作。

在比利时的经济地理版图上，新鲁汶不应成为一座拥有一所大学的普通城市，而是应该继续沿着现代化大学城的发展道路前进。应该让知识经济、高端就业、智力资源、文化生活以及开放的思想和质疑的精神引领这座城市的发展。简言之，应当不断寻找提高生活质量的途径。正是这种对生活品质的孜孜追求深深融入了这座城市的灵魂。我相信，在此基础上新鲁汶市地产行业的长久兴旺指日可待。

最后，我想引用两位前任校长的名言作为本书的结尾：

贝尔纳·古力（Bernard Coulie）："我们的任务不是重复过去而是引领未来：为此，我们需要提出创新的设想和方案。"

布鲁诺·戴沃（Bruno Delvaux）曾引用布基纳法索

（Burkinabé）① 著名诗人巴塞·亭格拉（Pacere Titinga）的一句名言："如果树枝想开花，那么它需要得到树根输送的养分。"其引申义是："如果后人想实现更好的发展，那么吸收前人的智慧经验是至关重要的!"

---

① 非洲西部的内陆国家。